Sport Sciences from the Viewpoints of
Exercise Physiology and Biomechanics

運動生理学とバイオメカニクスが
パフォーマンスを変える

身体と動きで学ぶ
スポーツ科学

深代千之／内海良子——［著］

東京大学出版会

Sport Sciences from the Viewpoints of Exercise Physiology and Biomechanics
Senshi FUKASHIRO and Ryoko UTSUMI
University of Tokyo Press, 2018
ISBN978-4-13-053701-8

はじめに

近年，多くの日本のスポーツ選手が世界大会で活躍している．たとえば，陸上競技の短距離 400m リレーの五輪 2 大会の銀メダル獲得，日本人野球選手の米大リーグでの活躍，バドミントン・卓球・テニスといったラケットスポーツの躍進，冬季五輪のジャンプやフィギュアスケートの活躍など，多々あげることができる．これらの活躍はもちろん選手とコーチの努力の賜物であるが，選手たちをサポートするスポーツ科学の研究者たちの貢献も見逃してはならない．スポーツ科学，つまりバイオメカニクス・運動生理学・栄養学・心理学などは，各大学や国立スポーツ科学センターなどを拠点として，選手とコーチを多岐にわたって支援している．それは研究者が蓄積してきた基礎科学を，応用科学として活用した成果といえる．しかしながら，その一方で，日本では長い間，スポーツや身体を「科学の対象」として注目してこなかったという歴史がある．

深代は，東京大学教養学部の総合科目で「身体運動メカニクス」という講義を開講しているが，これは日常生活やスポーツ中の動作を，運動生理学とバイオメカニクスで読み解くことを基礎としている．1 限 105 分の講義の受講生数は 100 〜 400 名と年によって異なるが，毎回，講義の最後に質問やコメントを書いてもらい，次週の講義の最初に回答することにしている．学生の感想の中には，これまで受験のために勉強してきた生物学や力学が，これほど日常生活やスポーツ動作に密着して応用できるのか，という驚きのコメントが多くある．つまり，高等学校までは，自分の身体や動作を科学の対象としてとらえてこなかったが，身近な話題とともに自然科学を用いて詳細に解説すると，実学としての魅力に溢れていることを改めて理解するのである．これは何も大学に限ったことではなく，内海が行っている中学校や高等学校の授業において，理科教育の内容でスポーツ動作を紐解くと，生徒の反応はすこぶる良好だということを肌で感じている．この事実は，最近の競技スポーツへの科学の貢献と異なり，一般の人々や子供たちには，いまだスポーツ科学が認知されていないことを物

語っている.

　日本において，ヒトの身体や動きを科学の対象としてこなかった理由としては，次のようなことが考えられる．欧米では，人体の解剖学を生物や理科（つまり日本でいう主要 5 科）の中で学習する．しかし日本の理科教育では，動物の体の学習として，カエルを解剖の題材として扱う．ヒトとカエルはともに動物ではあるが，哺乳類のホモサピエンスとしての自分の身体と，両生類のカエルの体とを重複してとらえづらいために，また人体について詳細に学ぶ保健体育が総合大学の受験科目に存在しないことも相まって，自分の身体を科学の対象としないという思い込みが生じてしまうのではないかと考えられるのである．本書は，このような従来の考えを払拭したく，自分の身体とスポーツ中の動作を自然科学で見直すという視点で構成している.

　深代は以前，研究仲間とともに『スポーツ動作の科学——バイオメカニクスで読み解く』という教科書を 2010 年に東京大学出版会から発刊した．これは，力学をもとにスポーツ動作を解説するという本で理科系の学生を対象としたものである．本書は，もう少し幅広い視点で俯瞰し，文化系の学生や中学・高等学校の理科でも参考になる題材を入れて構成した，前書の姉妹篇ともいえる本である．このような教科書は，筆者がスポーツ科学の門を叩いた半世紀前には存在せず，せいぜい解剖学や物理学の教科書の転用であった．この事実を講義で話すと，教科書がない学問があることに東大生は驚き，どのようにして勉強したのかと問うのである．教科書がなければ，自らつくればよいというのが持論であるが，このようなパイオニア精神で活動してきた研究仲間によって，いまではエビデンスをもとにしたスポーツ科学の教科書が多数出版されるまでになった.

　さまざまなスポーツ科学の教科書がある中で，本書の特徴の 1 つは，動きを自然科学で理解するという目的に達するために，大きく 3 部構成にしたことである．第 I 部「スポーツと運動生理学」（第 1 〜 5 章）は，運動による身体内の生理現象の短期的および長期的変化を解説した．第 II 部「スポーツとバイオメカニクス」（第 6 〜 9 章）は，スポーツ動作を身体の外からみて力学の観点から解説した．第 III 部「身体と環境」（第 10 〜 11 章）は，身体の中身を単なるダイエットではなく養生して充実させることと，身体外部の環境への対応能

について解説した．そして，本書のもう1つの特徴は，地球が誕生してから46億年という壮大な時間の中で起きた，生物の進化を解説し，大きな歴史の流れの中に私たちの身体や動きがあることを理解できるようにしたことである．そのために各章にスポーツやヒト・動物の体に関するコラム，そして進化に関わる豆知識を挿入し，最後に付録として地球上の動物の形態と機能について分類ごとに解説した．本書によって，動物の一員であるホモサピエンスとして自分自身の形態と機能をよく理解し，運動生理学やバイオメカニクスを通して身体運動やスポーツをみるという視点を養ってほしいと願っている．

　最後に，本書の作成にあたり，3部構成にすることや章立ての再編，そして校正など，さまざまな観点から私どもを支えてくれた東京大学出版会の丹内利香氏に深く感謝したい．丹内氏の支援がなかったら，本の完成にまでたどり着くことはできなかったからである．そして，本書の原稿が形になったところで，健康科学と運動生理学を専門とする深代泰子氏から忌憚のない意見をもらった．その指摘を反映することによって，より正確で読みやすい本になった．また，内海が中学・高等学校の教壇に立つなかで，幅広い理科の視点をご教授くださった梶野ルミ子氏，いつもまっすぐな瞳で学びに取り組み，理科やスポーツ科学を伝えることの大切さに気づかせてくれた生徒たちに，この場を借りて御礼申し上げたい．さらに，元プロテニス選手であり，現在スポーツキャスターなどとしても広く活躍し，スポーツの面白さを多くの人たちに伝えている松岡修造氏から，推薦文をいただいた．本書作成にご尽力いただいたすべての方々に感謝する次第である．

2018年弥生　深代千之，内海良子

目　次

はじめに　　　　　　　　　　　　　　　　　　　　　　　　　　　　　iii

序章　スポーツを運動生理学で読み解く前に ………………………… 1

0-1　十分に発達させたい身体の 3 要素 ……………………………… 2
0-2　スポーツ生理学のアプローチ法 ………………………………… 6
0-3　スポーツ生理学の魅力 …………………………………………… 9

I　スポーツと運動生理学　　　　　　　　　　　　　13

第 1 章　巧みさの源──スポーツと神経 ………………………… 14

1-1　動きの司令官──脳・神経系 …………………………………… 14
1-2　文武両道──シナプスの情報伝達 ……………………………… 17
1-3　氏か育ちか？──系統発生と個体発生 ………………………… 22
1-4　研ぎ澄まされた感覚──求心性神経と受容器 ………………… 24
1-5　身体に備えられた宝物──反射 ………………………………… 25
★進化豆知識　23 時 59 分の脳──ヒトの誕生と脳の進化 …………… 28

第 2 章　身体の基本──細胞と DNA ……………………………… 31

2-1　運動の源──骨格筋の活動 ……………………………………… 31
2-2　筋肉栽培法──レジスタンストレーニング …………………… 35
2-3　得意なスポーツは？──筋線維組成 …………………………… 37
2-4　あなたの設計書── DNA の構造 ……………………………… 39
2-5　一番小さな自分──原核細胞と真核細胞 ……………………… 40
2-6　細胞のクローン──細胞分裂とそのメカニズム ……………… 43
★進化豆知識　生物としてのルール──生物の共通性 ……………… 46

vii

第3章　身体の土台──骨 ･････････････････････････････････････ 48

3-1　二本脚で立つ──地面反力と運動 ･････････････････････････ 48

3-2　200のパーツ──骨とアライメント ･･･････････････････････ 50

3-3　強い絆──関節と骨 ･････････････････････････････････････ 52

3-4　柔らかくしなやかに──骨のつくり ･････････････････････ 54

3-5　生まれ変わる骨格──骨代謝回転 ･･･････････････････････ 56

3-6　どこまで動く？──関節可動域ROM ･････････････････････ 58

★進化豆知識　背骨の始まり──カンブリア爆発と背骨の獲得 ････････ 60

第4章　酸素と血の巡り──呼吸と循環 ････････････････････ 62

4-1　心臓ポンプと2つの道──血管，血液の循環 ･･････････････ 62

4-2　身体の換気──肺の構造と呼吸 ･････････････････････････ 65

4-3　大切な調節──運動中の呼吸と循環 ･････････････････････ 67

4-4　運動を支える酸素──摂取と負債 ･･･････････････････････ 68

4-5　持久力向上法──エアロビックトレーニング ･････････････ 70

■コラム　引き込み現象の活用 ･････････････････････････････ 72

■コラム　内臓たちのチームワーク──体内環境の維持 ･･･････ 73

■コラム　体はちくわ⁉──消化吸収とワクチン ･････････････ 74

第5章　継続の極意──生命と運動 ････････････････････････ 76

5-1　エネルギーの通貨──ATPと筋収縮 ･････････････････････ 76

5-2　エネルギーの作り方──ATP再合成の経路 ･･･････････････ 77

5-3　エネルギーの流れ──エネルギー変換器 ･････････････････ 80

5-4　地獄のHIIT──インターバルトレーニング ･･･････････････ 81

5-5　疲労軽減の鍵──乳酸？ ･･･････････････････････････････ 83

★進化豆知識　生きるためのチームワーク──細胞共生説 ･･････････ 87

■コラム　あるトライアル──富士登山の科学 ･･･････････････ 89

II　スポーツとバイオメカニクス　　91

第6章　魚のように泳ぎたい──水中での運動 ･･････････ 92

6-1　水の世界──陸上との相違 ･････････････････････････ 92

6-2　自然な対応──水中での生理応答 ･･･････････････････ 93

6-3　沈んだり浮いたり──水泳の物理的特徴 ･････････････ 95

6-4　泳ぎの仕組み──競泳の科学 ･････････････････････ 96

■コラム　水になじむ流線形──魚類の泳ぎのメカニクス ･･･ 100

第7章　前へ進もう──陸上での運動 ･･･････････････････ 102

7-1　ロコモーション──移動こそが動物の特徴 ･･･････････ 102

7-2　自動動作の不思議──脊髄神経回路の貢献 ･････････ 104

7-3　効率よく歩く──歩行のバイオメカニクス ･･･････････ 105

7-4　スプリント走──歩行と走行の相違 ･･･････････････ 107

7-5　バネで走れ！──弾性エネルギーの活用 ･･･････････ 109

7-6　スプリント走の鍵──速く走るためのドリル ･･･････ 110

7-7　9秒台への挑戦──科学と技芸の共存 ･････････････ 112

★進化豆知識　陸へ踏み出そう──手足の起源 ･･････････ 114

第8章　空への憧れ──空中での運動 ･･･････････････････ 116

8-1　重力からの解放──跳躍のメカニクス ･･･････････････ 116

8-2　ヒトのバネ──筋腱複合体の活躍 ･･･････････････････ 118

8-3　カンガルーのジャンプ──アキレス腱と弾性力 ･･･････ 119

8-4　より遠くへ，より高く──陸上競技の跳躍 ･･････････ 121

8-5　風に乗れ！──飛行と揚力 ･･･････････････････････ 125

■コラム　鳥のように飛びたい──飛翔のメカニクス ･････ 128

★進化豆知識　爬虫類と鳥類のあいだ──始祖鳥 ･･･････ 130

第9章　ヒトに特有の動き──投・打・蹴 ･･････････････ 132

9-1　動物を超える動き──オーバーハンド投げ ･･･････････ 132

9-2　ムチによるエネルギーの流れ──運動連鎖 ･･･････････ 133

9-3　最後の〆（しめ）——かいなを返す ························· 136

9-4　打ち合いでウラをかく——予測 ··························· 137

9-5　自在に打ち分ける極意——心理的影響と再現性 ··········· 139

9-6　ボールとの衝突——脚のムチ動作 ······················· 141

■コラム　ディンプルと 19 番ホール！——ゴルフの不思議 ·········· 143

■コラム　ヤモリが先生——動物の巧みさのメカニズム ············· 145

III　身体と環境　　　　　　　　　147

第 10 章　見かけに騙されるな——身体の中身 ········· 148

10-1　ダイエットの真実——身体組成と機能 ··················· 148

10-2　フィット or ファット——体脂肪率と肥満 ··············· 149

10-3　肥満の引き金——遺伝と環境 ··························· 150

10-4　すっきり軽やかに——肥満解消法 ······················· 151

10-5　身体スキャン——組成測定法 ··························· 153

★進化豆知識　ヒトに残る進化の軌跡——器官と恒温性 ··········· 156

第 11 章　適応力を磨け！——さまざまな環境への適応 ········· 158

11-1　暑さを味方に——暑熱環境への適応 ····················· 158

11-2　寒くても強く——寒冷環境への適応 ····················· 160

11-3　高所で強くなる秘密——血液とトレーニング ············· 161

11-4　ストレスをバネに——運動による対処法 ················· 163

★進化豆知識　郷に入っては郷に従え——適応放散と収斂 ··········· 165

終章　スポーツ生理学とバイオメカニクスの夢 ····················· 167

12-1　文化として昇華していった走 ··························· 167

12-2　生理学とバイオメカニクスの研究史 ····················· 168

12-3　研究を残す，見せる，伝える，助ける ··················· 170

12-4　より俯瞰してみたい ··································· 172

付録　地球でともに生きる仲間たち ･･････････････････････ 175

付録1　今夜はパーティ——いろいろな単細胞生物 ････････････ 175

付録2　鎧を着てみたり，ふにゃふにゃしてみたり——無脊椎動物 ･･････ 177

付録3　水の中のカラフルな世界——魚類 ･････････････････ 179

付録4　水辺のリゾート生活——両生類 ･････････････････ 181

付録5　乾燥への挑戦——爬虫類 ･･･････････････････ 183

付録6　大切な空間——鳥類 ･･････････････････････ 184

付録7　数少ない仲間——哺乳類 ･･･････････････････ 186

付録8　生きていた証——示相化石，示準化石 ･････････････ 187

付録9　仲間と生きる——生物多様性と進化 ･････････････ 189

参考文献　　　　　　　　　　　　　　　　　　　　　　　193

索　引　　　　　　　　　　　　　　　　　　　　　　　　195

序章　スポーツを運動生理学で読み解く前に

　私たちは，座る，寝るというように静止しているとき，つまり安静時でも心臓は鼓動しているし，呼吸もしている．これは，生物として生きるための営みの一部分である．そして，歩いたり，走ったり，跳んだりしようとするとき，つまり随意的に，かつダイナミックに躍動するときには，脳からの指令が骨格筋に届いて主働筋が収縮し，そして関節を屈伸させて動作を起こす．運動の上手・下手という巧みさや出来栄えは，脳の中の神経パターンが主に影響し，適切な骨格筋をタイミングよく活動させられるかどうかによる．運動の強度を上げて，よりダイナミックに動くとき，脳の指令とともに，効果器である筋肉そのものの活動能力が力強さや俊敏さのパフォーマンスに大きく関わる．そのため，「運動≒筋肉」というイメージができあがるのであろう．しかし，巧みさ自体は脳の指令次第なのである．また，長距離走のように運動の強度を低くして持続させようとする場合には，運動を続けるための機構が活発に働く．ヒトの身体が静止しているときの生体内の営みを明らかにすることを「生理学」，動いている躍動時の生体内の機序を明らかにすることを「運動生理学」，そして，スポーツ動作を対象にした場合は「スポーツ生理学」という．

　ところで，私たち日本人なら誰でも知っている運動会は，春と秋の日本の風物詩といえる，小・中学校の一大イベントである．運動会は日本特有の文化であり，このイベントが始まったのは明治時代の海軍兵学校で，イギリス人教師によるものといわれている．その後，文部省（現在の文部科学省）が体育の集団訓練を奨励したため，全国に広がっていった．当時は学校教育が始まったばかりで，広いグラウンドもなかったため，最初は神社や寺の境内を借りて開催していた．そのため，運動会に各地域で開催される祭りの要素が加えられ，ス

ポーツフェスティバルとして独特な形で発展してきたのである.

大観衆の中で行われる運動会は,運動能力の高い子供は待ち遠しく,能力の低い子供にとってこれほどいやなイベントはないであろう.足の速い子と遅い子,短距離走は速くても長距離走だとバテてしまう子など,それぞれに特徴があるが,その長所と短所,得意と不得意の理由を考えたことがあるだろうか.遺伝と思い込んで諦めている人はいないだろうか.私たち人類は,動物であるヒトとしての特徴と,そして人間それぞれの個人差を持ち併わせ,多様である.このような生物としての特徴や個人差を,生体内に分け入って,納得するように解説しようというのが本書の目的である.すなわち,本書は,スポーツを行っているときの身体内の生理的応答,そして運動のバイオメカニカルな特徴を,エビデンスをもとに解説していくものである.とくに,ヒトの生物としての営みを,他の動物や植物といった生命との比較で明らかにしていこうとしているところに本書の特徴がある.

地球は特別な惑星であるといえる.宇宙の中すべてを探し回っても,地球のように水と自然が豊かで,多くの生物が生きている惑星はまだ見つかっていない.どうして,生物は多種多様な形,生き方をしているのだろう.どのようにしてその体は動くのだろう.本書では,進化の過程と,ヒトと動物の運動の仕組み,よりよく運動するための秘密を探ってみる.本書を読み進めることによって,生物の仕組みと,その動きに隠された秘密がきっと理解できるはずである.

0-1　十分に発達させたい身体の 3 要素

私たちの身体運動は,運動を起こし,よりダイナミックに躍動させ,それを持続させるという 3 つの要素,つまり 1：巧みさ,2：力強さ,3：ねばり強さという要素によって構築されている（図0-1）.これらを生後の教育によって,バランスよく発達させるということがスポーツ科学,とくに運動生理学とバイオメカニクスの大きな目標といえる.一方の動物は,これらの要素を意図的に発達させるということはなく,自然の生育の中で身につけるが,弱い個体は環境や他種類の動物による食物連鎖により淘汰されるということになる.

2　序章　スポーツを運動生理学で読み解く前に

この人間の3要素は，それぞれ次の身体諸機能，つまり1：脳・神経系，2：筋・骨格系，3：呼吸・循環系によって支えられている．1：脳・神経系の出力つまりスキルを高める働きかけを**練習**（practice）といい，2：筋・骨格系と3：呼吸・循環系の能力を高める働きかけを**トレーニング**（training）という．この2種類の働きかけを，分けて理解することが大切である．練習で得たものは自転車の乗り方のように忘れない，つまり不可逆的，トレーニングで得たものはトレーニングを止めると失われる，つまり可逆的という明確な違いが存在するからである．

図 0-1　スポーツ科学において，十分に発達させたい身体諸機能

　(1)：脳・神経系に関するスポーツの巧みさは，日常生活の動作も含めて，遺伝ではなく環境つまり誕生後の「練習」によって構築される．歴史的に日本は，さまざまな動作について修行し"ワザ（技術）"つまり巧みさを身につけるという文化があった．一方の西洋は，技術よりも効率的な道具を発展させてきた文化といえるかもしれない．たとえば，西洋人が食事で使用するフォーク・ナイフ・スプーンは，それぞれ刺す・切る・すくうといった用途のみに用いられるが，日本人が使用する箸は単なる2本の「棒」だけで刺す・切る・すくう・つまむなどさまざまな使い方ができる．日本の道具はある目的に特化していないために，一見不完全な道具にみえるが，その道具を使いこなす"技術"を身につけることで，幅広い局面で高い成果を得ることができるのである．1つの道具でいろいろな使い方ができることを「一器多様」というが，歴史的に日本では，それを使いこなす技を習得することを，身体技法として発達させ

てきた．

　弓道も然り．和弓は矢の投射の際に，弓の振動の大きいところをもつ左手を巧みに背屈させて振動を抑えないとうまく射ることができない．和弓は技を獲得しないと道具として役に立たないが，一方の洋弓アーチェリーの弓は振動の少ないところをもち，矢を射ることで生じる余分な振動をスタビライザーと呼ばれるバランスポールで極力抑えるようにしているので，射った矢はほとんどが的に当たる．その結果，主に和弓は的に当たるか否かが勝負であるのに対し，洋弓は的に当たるのが前提で的のどの位置を射られるかが勝負を決する．

　このように，意図的に不完全な道具を用いて，技を磨くことを土台にしてきた日本人は，繊細な動作を得意とする文化の中で育まれてきた．つまり，日本人は長い歴史の中で，運動に関して脳の学習効果をねらった教育を徹底されてきたといえるのである．私たちが巧みさを環境つまり練習の成果だと最も実感できるのは，利き手・非利き手であろう．すなわち，利き手は練習するから器用になるのである．そのメカニズムの詳細は第1章で解説する．

　(2)：筋・骨格系は遺伝と環境の両方の影響を受けている．骨格の長さに関しては両親からの遺伝の影響が強く，個々人については二十歳前後に一生の身長が決まる．ただ，骨密度は食べ物つまり栄養と骨への力学的負荷によって大きく左右されることが知られている．日頃からカルシウムとビタミンDを摂取し骨に力学的刺激を与えることで，二十歳前後の骨密度最大値（peak bone density）が高まり，高齢になっても骨密度を維持する可能性が大きくなる．これに関連して，若年女性の過度なダイエットは，骨をもろくしてきわめて危険といえる（第3章）．

　骨格 "筋" は，身体諸機能の中で最も可塑性が高いといえよう．同じアスリートでも，筋肥大のトレーニングを続けた筋骨隆々の人たちは体重の半分以上を骨格筋が占めるのに対し，持久力をねらったトレーニングを続けた人たちの骨格筋量は体重の2〜3割程度に留まる．また，一般人の身体組成はアスリートよりも，筋量に対して脂肪量が多くなる．このような骨格筋に関する量的な問題に加えて，質的な視点も忘れてはならない．骨格筋は**速筋**（FT: First-twitch）と**遅筋**（ST: Slow-twitch）に大別できるが，フィンランドの双生児比

較研究による「一卵性双生児の筋線維組成は似ているが二卵性双生児は似ていない」という結論から，遺伝が影響しているということがわかる．しかし，強度の高いトレーニングによって速筋が肥大し，強度の低い持久トレーニングで速筋が萎縮するという研究結果を考えると，環境の影響も大きいといえる（第2章）．これを逆にみると，トレーニングによって肥大・萎縮しやすい速筋は環境に，働きかけによってあまり変化しない遅筋は遺伝に影響されているともいえる．

　(3)：運動持続能力を支えているのは，呼吸・循環系である．身体運動の源である筋肉のアクチンフィラメントとミオシンフィラメントを加水分解によって滑走させる筋収縮のエネルギー源は**アデノシン三リン酸**（ATP: Adenosine Triphosphate）であるが，ATP は体内に蓄えておくことができず，運動を続けるには ATP を再合成し続けなければならない．この **ATP 再合成**（resynthesis）には3通りのエネルギー供給機構があり，最も速く対応するのがクレアチンリン酸（CP）を分解して ATP をつくる ATP-CP 系である．これは全力運動で，理論上の ATP 再合成速度から7秒程度続けることができるといわれている．もう少し長く運動を続けようとする場合は，糖を分解して ATP をつくる解糖系が貢献する（この過程で乳酸が産生されるので乳酸系ともいう）．解糖系は理論上 30 秒程度の運動継続が可能で，この2つの系，つまり ATP-CP 系と解糖系は無酸素性で，理論上 40 秒程度の運動を続けることができることになる．それ以上に長く運動を継続する場合は，糖・脂肪と酸素を TCA サイクル（クエン酸回路ともいう）に入れて，水と二酸化炭素を排出する有酸素性過程で ATP を再合成する．これは酸素があれば，時間制限なく運動持続が可能とされている．このように述べると，全力運動で7秒までが ATP-CP 系，40 秒までが無酸素系，それ以上が有酸素系とクリアーに分けられると思えるかもしれない．しかし，ヒトの身体はそれほど都合よくエネルギー供給系を分けて ATP を再合成するのではなく，この3つの系の"バランス"を変えながら筋活動を行っているといえる．言い換えれば，30m をダッシュするような運動でも土台として有酸素系が貢献しているし，スロージョギングのような LSD（Long Slow Distance）トレーニングでも運動開始時には ATP-CP 系が関わっているのである

（第5章）．

　このエネルギー供給機構の3系をどのように向上させるかについては，多く
の研究成果が蓄積されてきているが，最近の研究では，**高強度インターバルト
レーニング**（HIIT: High Intensity Interval Training）をうまく配置する（たと
えば，20秒全力＋40秒ジョギングなど，いわゆる TABATA Protocol）と，瞬発
能力と持久能力の両方が高まるという研究結果が得られている（第5章）．

　呼吸・循環系の働きを理解するということはトレーニングの観点からきわめ
て重要になる．たとえば，トレーニングメニューを検討する際に，呼吸・循環
系の働きを理解していれば，身体のどの要素を鍛えなくてはいけないのか，ま
た，その要素をどうすれば効果的に鍛えることができるのかといった点を考慮
して，メニューを作成することが可能になる（第4章）．さらに，呼吸・循環
系の働きばかりでなく，筋肉へのエネルギー供給に関する知識も非常に重要で
ある．エネルギー供給に対する知識が不足していると，トレーニングの目的自
体があいまいなものになり，どんなに厳しいトレーニングでもその効果が疑わ
しくなるからである．

0-2　スポーツ生理学のアプローチ法

　スポーツを行っているときの身体内の生理的応答は，大きく1：脳・神経系
の活動を観察しようとする神経系，2：呼吸・循環系を測定する代謝系，そし
て3：身体の形体や組成，筋腱複合体の動態を観察する体組成系に分けること
ができる．これらのアプローチ方法について，簡単に紹介しよう．

（1）　神経系

　私たちの身体には先天的に備わっている**反射**（reflex）という機構がある．
これは意思をともなわずに，刺激強度に比例して反応が起こることをいう．た
とえば，伸張反射は筋肉や腱にある紡錘を受信機として，それらが素早く伸張
されると，発せられた信号が脊髄まで行き，そこで（脳には行かずに）リター
ンして伸ばされた筋肉を収縮させるというものである（第1章）．静的ストレ
ッチングは，この伸張反射を抑えることで，筋肉と腱を伸ばそうとする試みで

6　　序章　スポーツを運動生理学で読み解く前に

ある.

また，目で見たり（視覚情報），耳で聞いたり（聴覚情報）した刺激に対して，身体をどのくらい素早く反応させるかを示す反応時間がある．陸上や水泳競技のスタート（よ〜い，ドン）は聴覚情報をもとにした反応である．聴覚情報が脳に伝わり，脳から末梢神経へ電気信号が伝わって，筋肉が活動することになる．さらに，神経伝導速度は，誘発筋電図（M波）の導出によって測定することができる．これらは，基本的に主働筋に貼り付けた**筋電図**（EMG: electromyography）によって測定することができる．陸上競技のスプリント走のスタートで，0.10秒以内にスターティングブロックを押すとフライングになるというルールは，神経伝導速度にはヒトとしての限界があることに基づいている.

ヒトの脳は規則的な周期性をもった電位が発生しており，それを**脳波**（EEG: electroence-phalogram）という．安静状態，運動前の準備状態，そしてさまざまなタスクを遂行するときの脳波を測定することにより，脳の電気的な活動状態を知ることができる.

（2）代謝系

持久的な身体運動に用いられる体内の化学的エネルギーの量は，空気中から摂取する酸素量によって評価できる．運動中の呼気ガスの量（換気量）と O_2/CO_2 濃度を測定することによって，酸素摂取量を測定することができる．数分で疲労困憊まで追い込む運動で，採取された呼気ガスの採取・分析によって得られる酸素摂取量の最大値である**最大酸素摂取量／分**（$\dot{V}O_2$max）は，身体運動の生理的反応の総括指標とされている（第4章）．これは実験室外では測定が難しいので，トレーニングの現場では，簡易に測定できる**心拍数**（HR: Heart Rate）で推定することが多い.

持続的な運動時に，解糖系の供給機構においては乳酸がつくられる．作業筋でつくられた乳酸はその後血液中に出て全身に拡散していくので，運動に遅れて血中乳酸濃度が上昇する．この血中乳酸濃度は，ヒトの場合，指先や耳たぶから採取した血液によって測定することができる．血中乳酸濃度は，骨格筋による乳酸の産生と，酸化による除去のバランスによっている．比較的低強度の運動の場合は，このバランスが取れているため乳酸濃度が低いが，徐々に運動

0-2　スポーツ生理学のアプローチ法　　7

強度を上げていくと，ある強度から急に血中乳酸濃度が上昇する．この急激に血中乳酸濃度が上昇する運動強度を**乳酸性作業閾値**（LT: Lactate Threshold）という．長距離走やマラソンで，LT を超えると運動持続が困難になることから，競技では LT 付近でのかけ引きが重要になり，またトレーニングでは LT を向上させることが目標となる．なお，最近定着しつつある「乳酸≠疲労物質」については，第 5 章でくわしく説明する．

(3) 体組成系

身長と体重をもとにした体形を表す指数は，BMI（Body Mass Index）やローレル指数など，数多く存在する．もう少し身体組成の中身をくわしく知りたい場合は特殊な装置を使って身体密度を推定するという方法で身体全体の脂肪量と**除脂肪体重**（LBM: Lean Body Mass）を評価する（第 10 章）．ただ，この方法は大掛かりなため，一般的には皮下脂肪厚をキャリパーや超音波法で測定したり，あるいはインピーダンス法などで身体全体の脂肪量を推定している．たとえば，右の上腕背部，右の肩甲骨下部，へその右横の 3 カ所の皮下脂肪厚を測定して全身の脂肪量を推定するという方法がある．右側 3 カ所から全身の脂肪量を推定できるということを逆にみれば，脂肪の増減は局部ではなく全身に満遍なく生じる（部分痩せはない！）ということでもある．

さらに詳細に調べる方法として，近年，身体各部位の筋横断面積を観る MRI（Magnetic Resonance Imaging）法や DXA（Dual Energy X-Ray Absorptiometry）法が，使われるようになった（第 10 章）．これらの測定では機器の維持と測定にかかる労力は大変であるが，身体内の局部の状態を観ることができるので，トップ選手のトレーニング効果（筋肉の肥大と萎縮，あるいは脂肪の増減）を詳細に評価するには適している．

超音波のプローブを，筋肉の横断画像ではなく，筋束にそって縦に置いて，筋肉と腱の活動状態を観る方法によって得られる筋肉の収縮や腱の伸長といった情報から，最近の研究で腱のバネ機構が運動に及ぼす効果が明らかにされてきている（第 8 章）．

0-3　スポーツ生理学の魅力

　この学問分野の魅力としては，これまで経験と勘で行われてきた練習やトレーニングの生体内の効果を客観的に評価することによって，いままで未知だった現象の（1）謎が解けるということ，（2）意外な発見があるということ，（3）応用するとトレーニング効果が高まるということがある．

（1）　謎が解ける

　動物の体から取り出した摘出筋や，ヒトの正的仕事の**機械的効率**（mechanical efficiency，仕事／エネルギー消費量）は高々20％であるが，縄跳びのような連続ホッピングの効率を測定すると50〜60％にもなる．その原因を調べるために，連続ホッピングの主働筋（第3章参照）である下腿三頭筋の筋肉と腱のふるまいを超音波で測定したところ，筋肉は伸縮せずに等尺性収縮を行っており，アキレス腱のみが伸縮していることが明らかになった．つまり，エネルギーを消費しないアキレス腱のバネ機構によってホッピングが成り立っている結果として，機械的効率が高まったのである．カンガルーのアキレス腱はさらに能力が高く，ホッピングの移動スピードが高まるほど，エネルギー消費量が少なくなる（簡単にいうと楽になる．第8章参照）という驚異的な機構をもっているということが，腱のバネ機構の研究からわかっている．

　持久運動の強度を上げていくと，ある強度で乳酸の産生が急激に増える，つまり乳酸性作業閾値が出現する．乳酸が多く産生されれば骨格筋内が酸性に傾く．乳酸ができるということは糖が分解されたということであり，乳酸閾値を超える運動は長時間続けられない．このために，長らく乳酸は疲労物質として考えられており，注目されることもなかった．しかし，最近の研究によって，乳酸は疲労物質どころか，ランナーにとって欠かせない燃料であることがわかってきた．マラソンのように長時間の運動では，主に遅筋が酸素を取り込み，産生された乳酸を少しずつゆっくりと燃焼させてATP再合成を行い，二酸化炭素と水を排出する．そして，乳酸の燃焼によって発生するエネルギー量は，解糖の約20倍であり，ジョギングのようなゆっくりとした走り方なら，糖を節約しながら走り続けることができるのである（第5章）．

(2) 意外な発見

　運動やトレーニング前の準備として，主働筋をゆっくり伸長させる**静的スト****レッチング**（static stretching）は，ここ四半世紀の間，アスリートの準備運動の定番であった．この運動がアメリカから輸入されたときの謳い文句は，"伸張反射を抑制して行う静的ストレッチングはスポーツ障害を防ぐ"というものであった．ジョギングで体温を上昇させた後に行う静的ストレッチングは（体温を下げてしまうのにもかかわらず）ほとんどの瞬発系の競技者に受け入れられていた．

　しかし，なぜスポーツ障害が減少するのかという理由まで考えて行われてきたわけではなかった．最近の研究で静的ストレッチングがスポーツ障害を防ぐ原因が判明した．静的ストレッチングを行うと，筋腱複合体が伸ばされ，主働筋にたるみができて，その後は素早い運動ができなくなるのである．言い換えれば，静的ストレッチングによって，瞬発性能力を低下させることで障害を予防していたのである．競技成績という点において，これでは本末転倒で，いまは，運動前には反動をつけた動的な運動を行い，伸張反射や腱のバネ機構も使えるよう準備して，競技やトレーニングに入る．そして，運動後には，筋肉を伸ばして沈静化させるために，静的ストレッチングを行うというように変わってきている．

(3) 応用科学

　持久能力を高める効果的な手段として，**高所トレーニング**（high altitude training）がある．高所では，空気が希薄であり，酸素分圧が低下する．酸素を運ぶヘモグロビンが酸素と結合する度合いは，酸素分圧によって変化し，標高が上がるにしたがって，ヘモグロビンの酸素飽和度が低下する．低酸素環境で生活しているとヘモグロビンが増加するという適応が生じ，この適応を利用しようとするのが高所トレーニングである（第11章）．ただ，極端に高所でのトレーニングは，身体への負担が大きく，また走スピードをあまり上げられないということがあり，逆効果のこともある．このようなことを考慮して，日常生活は標高3000m級の高所で，トレーニングは標高1000〜1500mの中程度の高所で行うという，いわゆる「Living high, Training low」という方法が一般的に

なってきているが，個人差があるのでそれを考慮する必要がある．アメリカの
コロラド州ボルダーなどは，世界中の長距離選手が集まる高所トレーニングの
メッカとなっている．一方，エチオピアやケニアの高地民族がマラソンで活躍
するのも，高所という生活環境の効果を有効に利用しているからといえる．ま
た，高所トレーニングは，平地よりも少ない走距離でも負荷が高く，呼吸・循
環系に大きな効果をもたらすために，疲労骨折などの外科的障害を防ぐことが
できるといった利点もある．

　本書を読み進めれば，多くの人が試験のために勉強してきた主要5科の1つ
である理科で学んだ生物学や力学が，自分の身体や日常生活動作，そしてスポ
ーツに結び付いていることがわかるはずである．換言すれば，本書の内容を自
分自身に置き換えてみることによって，これまでの机上の勉強が役に立つと改
めて感じると思う．さらにいえば，自分自身の身体と運動との関係を，本書を
通して客観的に見つめなおすとき，人間がいかに神秘であるか，ということも
実感できると思う．さあ，自分自身を改めて理解し直す大航海に出発しよう．

I
スポーツと運動生理学

第 1 章　巧みさの源──スポーツと神経

1-1　動きの司令官──脳・神経系

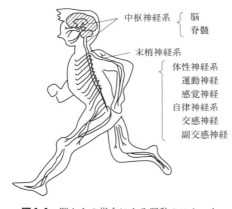

図1-1　脳からの指令による運動のスタート

「走ろう！」という自分自身の想いは，一瞬にして身体のすみずみまで伝わり，動きを作り出す（図1-1）．まず，その動きをつくる司令塔であるヒトの神経系とその神経伝達について見てみよう．
ヒトの身体に張りめぐらされている神経系は，**中枢神経系**（central nervous system）と**末梢神経系**（peripheral nervous system）からなる．中枢神経系は，脳と脊髄からなり，末梢神経系はさらに**体性神経系**（somatic nervous system）と**自律神経系**（autonomic nervous system）に分けられる．

　ヒトの脳は，大脳半球・脳幹・小脳に分けられ，大脳の表層部分である**大脳皮質**（cerebral cortex）はおおまかに4つの領域（前頭葉，頭頂葉，後頭葉，側頭葉）に分けられる（図1-2左）．大脳皮質の**前頭葉**（frontal lobe）と呼ばれる部分には，運動に関わる中枢領域が多数存在していて，最も有名なブロードマンの第4野という一次運動野には，身体の骨格筋に対応する神経細胞（ニュー

ロン）が整然と並んでいる．一次運動野は，運動を計画して命令を出す中枢である．大脳皮質はさらに視覚，聴覚などを司る細かい区分があり，この領域では五感をはじめ，あらゆる感覚器官の受容器が受け取った外界の刺激を末梢神経を経て受け取り，処理していく．大脳半球を中心溝にそって縦に切った断面図で神経分布の輪郭をたどれば，人の姿になるとまでいわれている（図1-2右）．

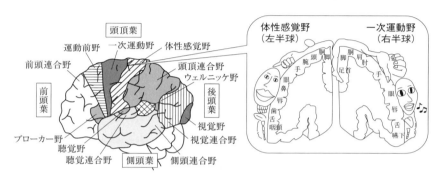

図1-2 ヒトの脳の機能局在（左図），一次運動野（右）と体性感覚野（左）（右図）

大脳基底核（basal ganglia），**小脳**（cerebellum）なども，重要な運動中枢である．大脳基底核は，運動における動作の順番やタイミングを調整して，運動を滑らかにする役割があり，随意運動の強さの調節「グレーディング」や順序づけ「タイミング」に関係する．また，小脳には筋肉の運動を微調整して，運動の正確性を高める役割がある．身体の姿勢制御「ポジショニング」には小脳が深く関わっていると考えられている．

大脳皮質で処理された信号は，脳の中心付近にある**海馬**（hippocampus）に集められる．海馬は集められた信号を整理し，一時的に記憶を蓄える働きを担っている．海馬でつくられ，少しの間保管された記憶は，最終的には側頭葉などの大脳皮質に保存されると考えられている．

このように，さまざまな領域をもつ脳の中には，神経細胞が無数につまっていて，それぞれの神経細胞は軸索という手足を介して他の神経細胞と，シナプス間隙を介してつながっている．神経細胞では，インパルスという微弱な電気

信号を発生させて,軸索を通じて他の神経細胞に信号を送るが,脳生理学ではこの神経細胞の経路をインパルスが流れることによって,感覚・思考・運動などが生じると考えられている.

脳は,脳幹から背骨に向かって伸び,脊髄につながる.脊髄を起点とし,枝分かれした末梢神経系は,体性神経系と自律神経系にわけられる.さらに体性神経系は,中枢からの命令を効果器に伝える**運動神経**(motor nerve),受容器から中枢へ興奮を伝える**感覚神経**(sensory nerve)に,自律神経系は身体の器官の働きを調節する**交感神経**(sympathetic nerve)と**副交感神経**(parasymathetic nerve)に区別される.

以上の運動発現をまとめると,自分の意思で起こす随意運動は,まず身体の各種受容器からのインパルスや記憶に基づく神経細胞の興奮が,全体として特定の型をなして運動野に送り込まれ,総合的に分析されて動作のプログラムがつくられる.運動野でプログラムされた情報は,インパルスとして脊髄の錐体の中を通る線維の伝導路である**錐体路**(pyramidal tract)を下降して,効果器である骨格筋に伝えられる(図1-3).インパルスを下降させるとき,錐体路系と並行する意思の統制を受けない錐体外路系の作用が重要な役割を果たす.つまり,錐体外路系は高等な反射の経路といってよく,錐体外路系の中にはいくつかの動作の原型のようなものが封じ込められていて,必要に応じてそれが用

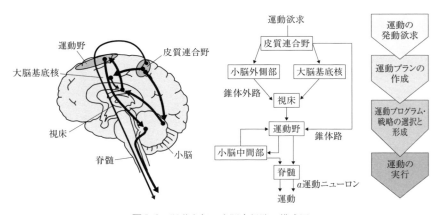

図 1-3 運動を起こす脳内経路の模式図

いられるのである．

1-2　文武両道──シナプスの情報伝達

　神経組織を構成する神経細胞は，細胞体，軸索，樹状突起から構成される．神経細胞内では，刺激を受けた部分とその隣接する部分の間に生じた電位差（活動電位）の発生により電流が流れ，興奮が軸索内を両方向に伝わっていく．ほとんどの脊椎動物にみられる有髄神経において，興奮は絶縁体である髄鞘を飛び越えて素早く伝える．このことを跳躍伝導という．髄鞘のない無髄神経に比べて，伝導速度は大きい．伝導されてきた興奮は，それぞれの神経細胞間の接続部分である**シナプス**（synapse）までたどりつくと，シナプス小胞から神経伝達物質が分泌され，化学信号として隣の細胞へと受け渡されていく．ここでは，興奮は一方向へしか伝わらない．やがて筋線維までたどりついた興奮が刺激となり，筋肉の収縮という反応を引き出す．その刺激を受けとった複数の筋肉の収縮の組み合わせで動きは作り出されるが，「走れ！」という1つの指令は，無意識のうちに身体中に送られている（図1-4）．

　「うまくなりたい」「もっと自由に動けるようになりたい」とスポーツの上達

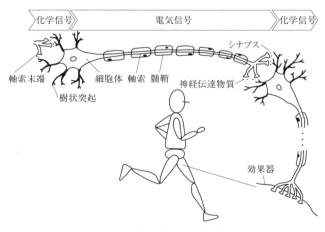

図1-4　神経細胞の情報伝達

を目指すとき，どのように修正したらいいのか，脳から導き出されたその考察をもとに，身体は新たな戦略で動きを作り出す．この試行錯誤の中で，私たちは動きを追求・習得することができる．脳との関連をみれば戦術やフォーメーションなどの思考を司る大脳，運動の記憶や平衡感覚を司る小脳など，スポーツは脳の多くの部分を使った高度な学習であるといえる．

　また，繰り返し同じ動作を行うと，神経における既存のシナプスの伝達効率が上がり，さらにショートカット（近道）ができると考えられている．また，新しい運動を行おうとするときでも，動きの反復練習の中で，すでに脳につくられた多くのサブプログラムの中から，適合する動作パターンを素早く引き出して応用し，練習効率をあげることが可能となる．

　一般に，成長期の子供は，体幹や体肢の成長より早く脳が発達する．スポーツを通して，身体を動かす楽しさを知ることや，自分の限界に挑戦することは，子供たちにとって貴重な時間となる．それぞれが技術を習得するために，試行錯誤して身体を舞台として学習を広げることは，知らず知らずのうちに脳と身体を鍛えているのである．

　ところで，私たちは一度自転車に乗れるようになると，何年乗っていなくとも，いつでもまた乗ることができるように，一度覚えた動作は生涯保たれるという不可逆性がある．どうしてこのような現象が起きるのか．よく言われるのは「身体が覚えていた」という言葉である．といっても，身体の中で注目されがちな筋肉には，動きを記憶する仕組みはないので，これは「脳の記憶」によるものであり，運動やスポーツにも脳が大きく関わっていることをよく表している．

　コンピュータと脳，つまり2進法を取り入れたコンピュータのCPUと，脳の中を電気信号が走るオンとオフの様子はとてもよく似ている．コンピュータのプログラムは，一度作成してしまえば，プログラムのスタートを指定するだけで，何度でも自動的に実行できる．人間の動作も，繰り返し行うことでプログラム化してしまえば，あとはたとえば「歩く」というようなメインスイッチの意思を働かせるだけで，無意識に左右交互に四肢を動かし歩行することができる（CPG，第7章参照）．

　しかし，コンピュータと脳は異なるところもある．たとえば，コンピュータ

18　　第1章　巧みさの源――スポーツと神経

でつくったワープロ文書は，意図的に消さない限り，またハードディスクが壊れない限り，ずっと残っている．一方，人間の脳は長期に記憶する情報もあるが，それを忘れたりすることもある．

　記憶の保持時間に注目した場合，数時間程度で忘れられてしまう**短期記憶**（short-term memory）と，長い間，つまり数年または数十年にわたって覚えている**長期記憶**（long-term memory）とに分けることができる．自転車の乗り方を覚えているとか，お手玉のやり方を覚えているといった運動に関わる記憶は「手続き記憶」と呼ばれて，長期に記憶している．これは，繰り返し練習をすることによって習得した記憶で，数年のブランクがあっても脳がこの動作を覚えているのである．ただ，楽器演奏のような，より高度なスキルについては，パフォーマンス維持のために練習を続ける必要がある．

　さて，人間の脳の中には，千数百億個の神経細胞があるといわれている．記憶をするときには，前述したように，脳の神経細胞の中を信号が通る．記憶前と記憶後の脳の神経細胞を比較してみると，その回路には記憶前と後で変化が起きており，その結果，信号の通り方も変化する．そして，この回路が変化した状態が維持されることが「あることを記憶する」ことであると脳科学者は考えている．そして，変化した後の神経細胞に同じように信号を通せば，何度でも記憶を思い出すことができる．これは，漢字や九九を覚えること，そして箸を使うこと，オーバーハンドでボールを投げることなど，すべて同じシステムによっているといっても過言ではない．

　神経回路に信号が通った後は，神経回路が変化して，信号の伝達効率がアップする．この現象は，信号が流れた回路のみに起こる．神経細胞の回路を変化させて，さらにそれを維持する力が記憶の元となるのである．これを「神経細胞の可塑性」という．この現象は**長期増強**（Long Term Potential：LTP）といって，このLTPが基本的な記憶の原理であると考えられている．

　もう少しくわしく説明すると，脳で流れる神経細胞の信号の伝わり方には，2つの種類があることがわかっている．神経細胞内を伝わる電気信号の「伝導」と，神経細胞と神経細胞の間，つまりシナプスを伝わる化学信号の「伝達」である（図1-5）．最初に神経細胞を出発した信号は，途中でナトリウムイオン（Na^+）と接することで秒速100mの電気信号となり，軸索を通っていく．そして，神

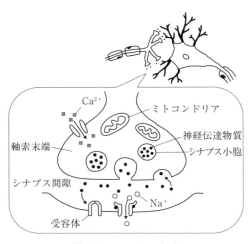

図 1-5　シナプスの伝達

経細胞と神経細胞の間の"すき間"であるシナプスにたどりついた電気信号は，神経伝達物質の授受により化学的に伝達され，シナプスのすき間を 0.1 〜 0.2 ミリ秒で飛び越え，新たな神経細胞に到着する．各神経細胞には，シナプスが数千から数万個あり，それぞれのシナプスからひっきりなしに信号が届けられている．細胞体では，これらの信号を整理・足し合わせて「多数決」を行う．その量が一定量を超えた信号だけを，軸索経由で他の神経細胞へと送り出す．逆に一定量を超えなかった場合には，その信号は無視され，回路を流れる信号が途切れることになる．

　では，記憶する，つまりシナプスの伝達効率をよくする「LTP：長期増強」のためには，どうしたらいいか．シナプスで神経伝達物質が作用すると，受け手側の受容体が開き，ナトリウムイオンなどが取り込まれる．ところが，これ 1 回ではシナプスの信号伝達はよくならない．シナプスの受容体は，神経伝達物質が結合すると開く開閉式なので，短時間に繰り返し信号が送られてくると次々と受容体が開く．受容体が増えれば当然，流れ込むナトリウムイオンの数も増え，受け手側の神経細胞に強い信号が伝わり，次の神経細胞へと信号が伝達されるのである．このような LTP は即座に起こり，そして数時間ほど続く．ところがそのまま放っておくと，開いた受容体の数も，また元に戻ってしまう．これが「短期記憶」である．たとえば，今日の朝食のメニューを数時間なら覚えているが，1 週間たつとそのメニューを忘れてしまうのは，このような脳の仕組みからなのである（図 1-6）．

　では，長期記憶はというと，短期記憶をさらに安定させたものだといえる．短期記憶でも印象的な出来事を経験するなどした場合，ごく短い時間に繰り返

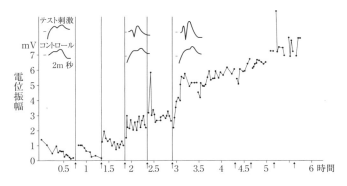

↑で示す時点に20Hz15秒間の高頻度刺激を与えると，次第に
同じテスト刺激に対する神経細胞の応答が大きくなっていく．

図1-6　高頻度刺激による海馬ニューロン応答の長期増強（Eccles 1977）

し信号が送られてくることになる．たとえば，朝食でコーヒーをこぼしてしまったようなときは，その日の朝食のメニューをずっと覚えていたりするが，これを「エピソード記憶」と呼ぶ．このように，印象的な出来事があると，短期記憶で一時的に増えた受容体の数がそのまま維持されて長期記憶となることもある．

　次に，自転車に乗るなどの，主に運動に関する**手続き記憶**（procedural memory）についてみていこう．コンピュータのプログラムでは，サブプログラムを組み合わせてメインプログラムができるように，身体動作も複数のサブプログラムを組み合わせることにより，複雑な動作が実現できるようになっている．また，メインプログラムが組み合わされて，さらに大きなプログラムになるように，プログラムを階層化することでより複雑で高度な動作を実現することができる．つまり，スポーツにおける身体運動とは，無意識化された多様な動作のパターンをプログラムとして蓄え，その階層をコントロールすることによって自動的に高度なスキルを実現するということでもある．よく運動の世界でいわれている「身体で覚える」とは，このように動作のパターンをプログラムのように小脳に蓄え，意識の範囲外に追いやることをいう．これをスポーツ科学では，「脳・神経パターンの生成」あるいは「動作の自動化」と呼んでいる．

　そして，コンピュータのプログラムにもバグがあるように，無意識化された

動作のプログラムも修正が必要な場合もある．ただし，無意識化された動作を顕在化させるように呼び戻す必要があるために，これには少し時間がかかる．悪い動きのクセをつけてしまうと，なかなか修正できないのはこのような理由があるからである．

ところで，「身体を動かせ」という指令には，大脳から直接手足の筋肉に送られる経路と，小脳を中継して送られる経路がある．そして運動してみた結果，うまくできたか失敗したかの信号を小脳に戻すフィードバック経路もある．仮に自転車の練習で転んだ場合，失敗を知らせる信号が小脳に戻される．するとその小脳の回路のシナプスは，信号伝達の効率が低下する．エピソード記憶では，シナプスの信号伝達の効率を上げることで，その記憶を残していたが，手続き記憶の場合は逆に，失敗したときの信号伝達の効率を下げて，成功した，うまくいったときだけの回路を残すことで，身体の動かし方の「手続き」を記憶するのである．

「残したい記憶の信号伝達をよくする」ことと「失敗したときの信号伝達を悪くする」ことは似ているようで非なるものである．成功と失敗とどちらが信号伝達の主になっているかという点で，まったく逆である．実は，まだ運動学習に特有のLTPは見つかっていないが，運動の練習でも同様の変化が起こっているはずだと考えられている．

1-3　氏か育ちか？——系統発生と個体発生

人間の運動は，一般に歩・走のように先天的に獲得される系統発生的な運動と，投・泳のように学習があって初めて成り立つ，つまり後天的に獲得される個体発生的な運動に大別できる．しかしながら，この両者は明確に区別されるものではなく，多くの運動は先天的（**遺伝的**（genetic factors））および後天的（**環境的**（environmental factors））要因が複雑に関わりあって成り立っている．先天的要因は究極的には遺伝子に帰するので，遠くは人類数百万年の歴史を受け継ぎ，近くは両親から各個人が受け継いでいる．そして，先天的要因が強く働くものは体格で，動きをともなうようになると，次第に育ちの違い，つまり後天的影響をより強く受けると推定されている．

先天的あるいは後天的影響を知るには，双生児研究が最も有効な手段の1つである．これまでの双生児研究では，体格・運動能力・持久力・筋線維組成といった量的因子は先天的影響が強いが，一方の動作自体すなわち遺伝の質的因子はそれほど強くないとされている．しかし，筆者の一卵性双生児を対象にした走幅跳びの研究では，動きをともなう質的要因でも，特別に違う生活環境におかない限り，やはり遺伝の影響を受けていることが示されている．

　以上より，動作の巧みさは体格や運動能力といった量的因子ほどには遺伝的影響は強くはないが，走や跳の動作でも遺伝的影響が存在する．その一方，投のように環境的影響を受けやすい動作もあるといえる．これらの結果は，指導による動作改善の可能性を示すもので，「先天的要因の支配から抜け出し，いかに後天的要因の影響力をもたせるか」，そこに教育と指導の意義があるといえる．自分でいろいろな動作を試してみると，自分の身体で変えやすいものと変えにくいものがあることもわかってくる．こういった自分の身体の可塑性を小さい頃に知っておくことは，さまざまな運動にチャレンジしたり，スポーツ種目を決めるときにとても役に立つといえる．

　子供の発育段階において，身体の各機能には，それぞれ著しく発達する時期がある．スキャモンの発育曲線によると，神経型の発達は脳，脊髄，眼球や頭部の大きさに関係していて，6歳までに成人の90%にあたる身体機能の発育を遂げる．4〜5歳までは主に大筋活動の発達が著しく，5歳以後は物の把握や操作などに使われる小筋群の微細な調節の発達が目覚ましいのは，この時期に徐々に神経支配が精緻になっていくことを示唆している．神経細胞の数は，生後数カ月までの増加および老化による死滅を除くと，一生大きくは変化しないので，成長にともなう脳の重量変化の主原因は神経細胞の数の増加ではなく，細胞体から出ている樹状突起や軸索の分枝の増加と考えられる．したがって，巧みな動作の練習は，脳の発達が著しい早い時期に始めるのがよいといえる．そして，さまざまな運動を経験し，できるだけ多数のシナプスの伝達効率をよくしておくことが，成人になってからの運動の上手・下手を大きく左右するのである．

1-4 研ぎ澄まされた感覚——求心性神経と受容器

　ヒトの身体は，外界にあふれるさまざまな刺激にも反応する．肌で感じる外気の温度，目の前の景色，でこぼこした地面の感触，これらの刺激は眼や皮膚などの感覚器で受容され，感覚神経を通して脳に伝わる．障害物があるとの情報が入ると，動きの修正の指令が脳から送り出され，運動神経を通して筋肉や身体の各部に送られる．こうして，中枢神経系と末梢神経系はつねに連携しながら，身体をサポートしている．

　また，この働きは身体全体のダイナミックな動きだけではなく，箸を使って食べる，文字を書く，といったように私たちが成長の中で身につけてきた動作の数々も同じように，細やかな神経のサポートによって行われている．微妙な圧力や感触などを指先の皮膚を通して受容できることで，手の力の入れ具合などが調整される．したがってまっすぐな線や，曲線で構成されるひらがななどを紙に記すことができる．脊髄損傷などで感覚野が傷を負うと，運動野が健全であっても文字を書くといった運動に支障がでるのはこのためである．しかし，リハビリテーションや，日常の中で動作を練習することで，動作を思い出すというよりむしろ，習得し直すことができる部分もある．ヒトの回復の可能性には，目を見張るものがある．

　耳や眼などの刺激を受容する器官を感覚器と呼び，それらはそれぞれ，特定の刺激（適刺激）を受容する．たとえば，光は眼の瞳孔を通り，眼球内の網膜に存在する視細胞で受容される（表1-1，図1-7）．網膜には，明暗を認識する桿体細胞と色と明暗を認識する錐体細胞の2種の視細胞が多数存在する．これらの視細胞が受容した刺激は，視神経を通り，脳へ伝わり処理され映像となる．その他にも，美味しいものを味わい，食べて安全なものかどうかを判断する味覚，優雅な音楽を聞き，迫る危険を察知する聴覚など，多

表1-1　ヒトの感覚・適刺激・受容器

感覚	適刺激	受容器
視覚	光	眼
聴覚	音波	耳
味覚	化学物質	舌
嗅覚	化学物質	鼻
温覚・冷覚	温度	皮膚

24　第1章　巧みさの源——スポーツと神経

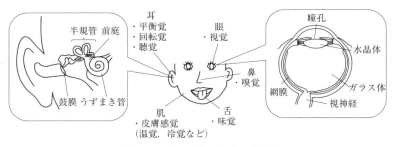

図 1-7 ヒトの感覚・刺激・受容器

くの情報も，同じようにそれぞれの適刺激を感覚器が受容した結果，得ることができる．

また耳は，聴覚だけでなく，平衡感覚を担う器官としても運動に関連した重要な役割を担っている．ヒトの耳は，外耳・中耳・内耳という3つの区画に大きく分けられ，内耳には，回転覚を司る半規管，平衡覚を司る前庭がある（図1-7）．3つの半規管は，それぞれの内部のリンパ液の動きから，前後・左右・水平方向の回転運動を検出する．前庭では，重力の方向とその変化，身体の傾きを感知する．聴覚としてのイメージが強い耳だが，身体のバランス保持への貢献は大きく，たとえば，器械体操において，細い台の上でバランスを取りながら進む平均台や，くるくると空中で回転してぴたりと着地する吊り輪のようなスポーツ競技の遂行にも欠かせない存在といえる．

1-5 身体に備えられた宝物——反射

人間の身体には，意思で開始される随意運動をうまくこなすための仕掛けがたくさん潜んでいる．その1つが「反射」で，動作をより巧みに，よりダイナミックにするために，とても大きな役割を果たす．反射とは，刺激に対して，その刺激の強度に比例した強さで，脳を経由せず，決まったパターンの反応が生じる現象をいう．具体的には，皮膚や筋肉の中にある感覚受容器で生じたインパルスが，感覚神経によって脊髄に伝えられて，中枢神経内のあるところで"意思とは無関係に"切り換えられて運動神経に伝達され，効果器である筋肉

が活動する現象といえる．その経路を反射弓，切り換えの場所を反射中枢という．つまり反射は，随意運動の中の意識にのぼらないシステムで，入力された刺激が受容器から効果器へつねに一定の経路をたどる．とくにスポーツの巧みさに強く関係する伸張反射と頸反射について説明しよう．

伸張反射（stretch reflex）は，脊髄内に反射中枢をもつ脊髄反射の1つで，骨格筋が勢いよく伸張されると，それが刺激となってその筋肉が収縮するというものである．反射のスタートとなる受容器は筋肉にある筋紡錘で，これが勢いよく伸びるとインパルスが発生し，感覚神経を介して（脳に届くことなくリターンして）脊髄前柱の運動神経に直接伝わり筋収縮を引き起こす．身近な例をあげると，椅子に座って膝から下をダランと下げた状態で，膝頭の下の膝蓋腱を木槌で軽くたたくと，直後に膝がピコンと伸展する（図1-8）．これが伸張反射である．伸張反射は筋肉が勢いよく伸ばされると起こる反射なので，筋肉をリラックスさせたいときは，逆に，この反射が起こらないように静かに伸ばしたほうがよく，それが静的ストレッチングである．

ダイナミックな運動ほど反動動作をともなうが，反動動作は「筋肉がいったん伸張された後に短縮する」ことをいうので，この動作様式は伸張反射と深く関わっている．縄跳びのような連続跳躍では，ふくらはぎの腓腹筋は着地前からプログラムされた筋活動を行い，緊張しながら引き伸ばされ，その結果，伸張反射が働き，脳からの指令と反射が組み合わさり次の跳躍に貢献する（図8-2参照）．

また，**緊張性頸反射**（tonic neck reflex）は，頭を前後左右に傾けることによって四肢の筋肉の緊張具合が変化する反射で，姿勢制御に大きな役割を果たしている．頭の位置の変化によって，頸筋の筋紡錘が刺激され，その興奮が反射路を介して四肢の筋肉に伝えられる．これは姿勢反射の1つといえる．

頸反射を用いる具体的な運動の例として，走高跳びの背面跳びの空中フォームがある．空中で選手は，まず体幹を背屈させてバーを越し，その後脚がバーに触れるのを防ぐために腹屈する．これら体幹の動作に先だって頸の背屈と腹屈が行われるが，これは頸反射が身体全体の背屈動作と屈曲動作をリードしていることを示す典型例である．すなわち，背屈頭位によって体幹は背方にアーチをつくり湾曲する．逆に，脚の「ぬき」の局面では，腹屈頭位によって体幹

26　第1章　巧みさの源——スポーツと神経

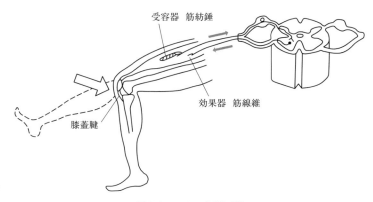

図 1-8 ヒトの伸張反射

は腹方に湾曲する．このように，背面跳びの空中動作は頸反射に基づいたものであることから，動作獲得が容易であり，そこに初心者でも背面跳びが比較的短期間に上達する理由があるとも考えられている．さらに，背面跳び以上に複雑な身体回転を含む空中動作をこなす体操競技や飛込競技などでは，この頸反射がより大きな役割を果たしている．

★進化豆知識　23時59分の脳——ヒトの誕生と脳の進化

　ヒトの脳は，動物の中でも比較的体積が大きい．動物の大脳は，古皮質・原皮質・新皮質からなり，本能的，情緒的行動の中枢となる古皮質と原皮質は，多くの動物の脳にも存在するのに対し，思考や感情を司り，運動野や感覚野などがある新皮質は哺乳類の脳において大きくなっている．その中でもヒトの大脳新皮質の連合野は他の哺乳類に比べても発達が著しい．

　原始的な哺乳類の歴史をみると約6500万年以前に，霊長類は哺乳類の中でわかれ，やがてその子孫から多くの系統が進化した．樹上生活を営んでいた霊長類は，木の上から地上へと生活の場所を変え，やがて2本の足で歩く霊長類の仲間が現れた．

　1973年，古人類学者により発見された膝の化石は，ヒト属の動物が直立歩行をしていたことを示していた．そして翌年の1974年，エチオピアのハダールでヒトの祖先とされるアウストラロピテクス・アファレンシス（アファール猿人）の化石（女性）が発見された．発掘チームは，作業中に繰り返し流して聞いていたビートルズの「Lucy in the sky with diamonds」から彼女の名をルーシーと命名した．木登りをすることもあったようだが，骨盤の形から二足歩行していたことがうかがわれる彼女たちの仲間，アウストラロピテクス（猿人）が誕生したのは，およそ400万年前といわれている．私たちヒトが，他の動物たちと大きく異なる特徴に，脳が大きいことがあげられるが，このアウストラロピテクスの脳は，いまのヒトよりも小さく，チンパンジーと同じくらいだった．

　2本の足で立つことは，手先を自由に動かし使うことをも促したであろう．手先の作業により刺激されて大きくなった脳は，多大なエネルギーを消費することとなった．エネルギーを獲得するために狩猟を，そのために手先を器用に使い，考え，より良い武器を，というスパイラルが生まれ，脳の発達は加速したと考えられている．

　インドネシアのジャワ島で発見された直線的で長い大腿骨の化石もまた，その主が直立二足歩行をしていたことを示している（四足歩行の動物は，曲線的な大腿骨をもつ）．直立するという意味のエレクトスを名にもつ，ホモ・エレクトス（原人）は，アジアではジャワ島と北京で化石が発見され，それぞれジャワ原人と北京原人と呼ばれた．1984年に，ケニアのトゥルカナ湖畔で骨が見つかった少年は「トゥルカナ・ボーイ」と名付けられ，ホモ・エレクトスがおよそ180万年前にアフリカで進化したことを示した．太陽の照り付けるアフリカに住んでいたトゥルカナ・ボーイは，その暑さに対応するため汗腺を発達させ，体毛を失い，

28　　第1章　巧みさの源——スポーツと神経

頭部の血流を冷却するための高い鼻をもった．彼らは鋭利な石器をつくり，槍そして火を扱ったと考えられ，食糧を求めてアフリカを出てアジアやヨーロッパなど世界へ繰り出した．

ホモ・ネアンデルタレンシス（旧人）は，およそ3万年前まで生きていたとされ，猿人や原人よりも大きな体積の脳をもっていた．現生人類との関係はまだ明らかになっていないが，DNA解析の結果から，現生人類とは別の種であるという説が有力である．ドイツで発見された化石は，手足が折り曲げられ，その骨には花粉が付着していた．その姿と花粉から，仲間が死者に花を添えて埋葬したのではないかと考えられている．40億年の生物の歴史の中で変わらない，生物の死．仲間の死に対して哀しみという感情をもっていた可能性のある彼らは，舌骨の形などから，言語を扱っていたとも推測されている（図1）．

ホモ・ネアンデルタレンシスがヨーロッパの寒く厳しい環境に適応し，生きている間に，いよいよ私たち現生人類，ホモ・サピエンス（新人）がアフリカで生まれる．さらに大きな脳をもった私たちの仲間がこの地球に誕生したのはおよそ20万～10万年前である．46億年の地球の歴史を24時間でたとえば，23時59分57秒にあたる．牧畜や農耕を行い，言語を巧みに操った私たちの祖先は，彫

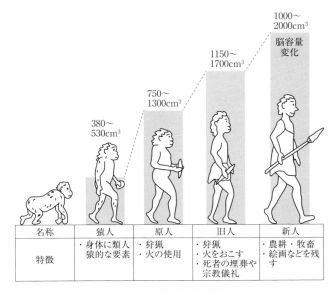

図1　ヒトの進化と脳の大きさ

刻や絵画をも残し，はるか想像のつかない過去の記録を現在に残している（図2）.

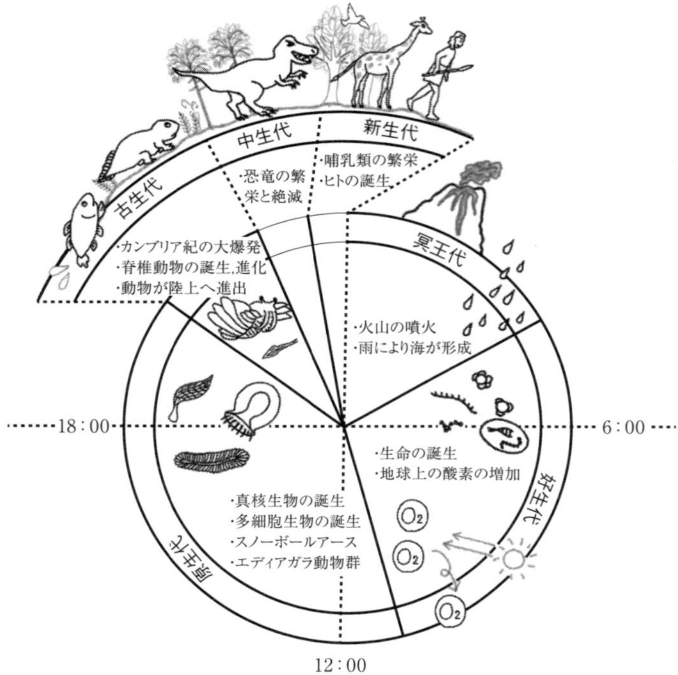

図2 地球の誕生からヒトの誕生まで

30　第1章　巧みさの源——スポーツと神経

第2章　身体の基本——細胞とDNA

2-1　運動の源——骨格筋の活動

　歩くときも，文字を書くときも，話すときも，すべての動作は**骨格筋**（skeletal muscle）の活動によって生じる．身体運動に関する本書は，自分の意思とは無関係に活動する不随意筋である平滑筋や心筋ではなく，運動に関わる，つまり意思で活動する随意筋である骨格筋を対象としている．

　ヒトの骨格筋は，よく見ると細い線維の集まりであることがわかる．直径 $100\,\mu m$ の太さの**筋線維**（muscle fiber）は，それぞれさらに細い直径 $1\,\mu m$ の**筋原線維**（myofibrils）が多数集合してできている．筋原線維は，**ミオシンフィラメント**（myosin filament）と**アクチンフィラメント**（actin filament）から構成され，この2つのフィラメントの相互的な引き合いによって，骨格筋は収縮する（図2-1）．ミオシンフィラメントの頭部には ATP 分解酵素が含まれ，受け取った ATP を酵素の働きで分解する．高エネルギーリン酸結合が解かれ放出されたエネルギーは，ミオシンフィラメントの頭部が結合したアクチンフィラメントを内側にたぐり寄せる力となる．2つのフィラメントの動きによって，筋原線維の**サルコメア**（sarcomere，筋節）の長さが短くなり，その結果として筋肉の収縮が起こるのである（**滑り込み滑走説**：slip sliding theory）．

　筋収縮の特徴として，フィラメントの重なり具合によって生じる「力−長さ関係」と，化学反応のスピードによって生じる「力−速度関係」がある．力−長さ関係は，上に凸の曲線となり，力の大きさがピークとなる至適長（自然長）がある．

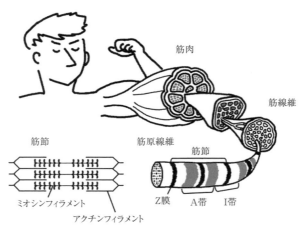

図 2-1 骨格筋の収縮の仕組み

横紋筋である骨格筋の2種類のフィラメントは規則正しく配列しており，明暗の縞模様となる．明るい部分をI帯，暗い部分をA帯という．筋原線維には筋収縮の基本単位である筋節が配置されていて，Z膜とよばれる隔膜で隣接する筋節と連結されている．

　また，力−速度関係は，筋肉の活動様式とも関係していて，速度がプラスの場合は筋力が負荷となる重りよりも大きいので**短縮性収縮（コンセントリック）**，速度がゼロの場合は重りと筋力が同じで**等尺性収縮（アイソメトリック）**，そして速度がマイナスの場合は重りが筋力よりも大きいので筋肉は収縮しようとしているのに伸びてしまう**伸張性収縮（エクセントリック）**となる．筋力の大きさ（図2-2の縦軸）は，3種類の収縮の仕方の中で伸張性が最も大きい．また，筋力を向上させるトレーニングについても，3種類の中で伸張性収縮を用いるトレーニング法が最も効果が大きくなることがわかっている．

　筋肉の発揮張力，いわゆる筋力はどのような要素で決まってくるのだろうか．1つには，①**生理学的筋横断面積**（PCSA: Physiological Cross Sectional Area），つまり筋肉の太さが大きく関係している．女性よりも男性のほうが大きな筋力を発揮できるのは，簡単にいうと性ホルモンの影響で，男性の筋肉が太いからである．ただ，この関係は多人数を横断的にみた結果をもとにしており，各個人内でのトレーニングによる履歴を縦断的にみると，この2変数（筋力と筋サ

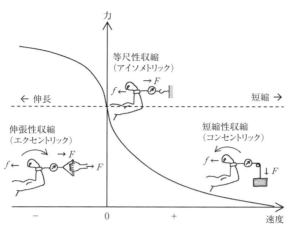

図 2-2 筋の収縮様式と，力 - 速度関係（金子 2006 を改変）

イズ）の相関関係は異なってくるという知見が近年提示されており，さらなる研究が待たれる．次には，②筋肉の質，つまり筋線維タイプの差である（第3節参照）．遅筋線維よりも速筋線維の割合が多いと，大きな力を発揮できることになる．しかし，筋肉が太く質が高くとも，筋活動を起こそうとする場合，脳からの神経刺激が不十分であれば，筋肉は活動しない．③自分の意思で筋収縮を起こそうとすることを随意筋収縮といい，その最大値を**最大随意筋収縮**（MVC: Maximal Voluntary Contraction）という．ただ，このMVCは脳で抑制を受けているため，全力でのMVC発揮時に対象となる筋肉に電気刺激を与えるとさらに大きな力が発揮される（図2-3）．自分の身に危険が迫ったときなどは，この抑制が開放されてMVCを超える大きな力が発揮されることがある．たとえば「火事場の××力」などといわれる現象は，このような状態をいう．火事場の××力のエピソードが女性に多いのは，この抑制が普段男性よりも女性に大きく作用していて，それが開放されるからである．また，この抑制開放には，わざわざ電気刺激を用いなくとも，大声で掛け声をかけるといったことでも生じる（shout 効果）．重量挙げや投てきの選手が大きな掛け声をかけるのは，この抑制開放をねらっているためである．

　また，筋肉の形状はさまざまであるが，身体運動に大きく影響しているのは

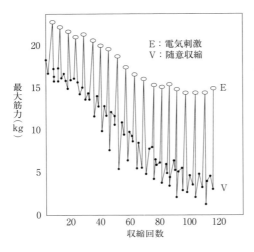

図 2-3 拇指内転筋（指の屈曲）反復筋力における随意収縮と電気刺激比較（矢部 1977 を改変）

紡錘筋と羽状筋である．紡錘筋は筋線維が長く線維数が少ないという特徴があり，逆に羽状筋は筋線維は短いが（腱が長いので付着する）線維数が多いという特徴がある．この形状の特徴から，紡錘筋はスピードに，羽状筋は筋力発揮に長けており，両者を乗じたパワーへの貢献度にも影響している．

骨格筋は腱を介して骨に付着しており，意思によって収縮が引き起こされる．骨格筋の腱と骨の付着部位のうち体幹に近いほうを「起始」，末端のほうを「停止」という．骨格筋は基本的に一対一対応で動きを制御していて，個々の関節の屈曲と伸展にはそれぞれ主働筋がある．また，主働筋の動きにブレーキをかける拮抗筋が必ず存在する（第3章参照）．日常生活やダイナミックな身体運動で，主働筋だけを働かせると動きがスムーズになるが，主働筋に加えて拮抗筋を同時に働かせる（共収縮）と，力感は高いのに動きがぎこちなくなってしまう．これは動きの巧みさと関係している．たとえば，全力疾走などのときに主働筋だけを働かせられると，力感が低いにもかかわらず動きが素早くなる．これに対して拮抗筋が働いてしまう，いわゆる動きの下手な人は，高い力感に比べて動きがにぶくなる．これはトップスプリンターにとっても大きな課題で，「リラックス」という言葉は実は拮抗筋を弛緩させたいということを意味しているのである．

筋肉の起始と停止の間にある関節が1つの場合を**単関節筋**（single-joint muscle）といい，関節の回転力（トルク）発揮に貢献する．これに対して，起始と停止の間に関節が2つ以上ある場合は**二**（あるいは**多**）**関節筋**（multi-joint muscle）といい，この二関節筋が活動すると，関節回転力の増加とともに，関節を介したエネルギーの流れが構築され，制御によって，身体全体の動きをうまくコン

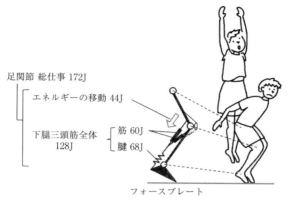

図 2-4 垂直跳びにおける足関節の仕事の内訳（Bobbert 1986 を改変）

トロールできる．たとえば，ふくらはぎの腓腹筋は二関節筋であるが，垂直跳びを行うとき大腿四頭筋を使って膝を伸ばすと腓腹筋の起始部が上に引っ張られて，膝伸展のエネルギーが腓腹筋を介して足関節の伸展に貢献するということになる（図 2-4）．

2-2 筋肉栽培法――レジスタンストレーニング

「筋肉」は，私たちの動きをつくる主役である．子供から大人になる過程において，ヒトはさまざまな筋肉を活動させながら動きを習得していく．スポーツ競技選手は，技と動きに磨きをかけるため，その動きを作り出すために必要な筋肉をトレーニングする．ボディビルダーは，より美しい姿を目指して筋肉を肥大させ，理想の身体を作り上げていく．

筋肉の主な構成成分は**タンパク質**（protein）である．筋肉の内部では，新しいタンパク質の合成と，不要になったタンパク質の分解が同時に行われていて，普段はこの合成と分解のバランスが保たれている．筋細胞の細胞膜には，**アミノ酸トランスポーター**（amino acid transporter）という膜タンパク質が存在し，タンパク質の材料であるアミノ酸の筋細胞への出入りは，アミノ酸トランスポーターによって調節されている．しかし，**レジスタンストレーニング**（resistance

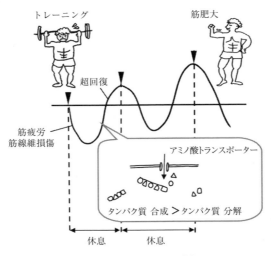

図 2-5 超回復と筋肥大の仕組み

training, **筋力トレーニング**)などの強度の高いトレーニングで筋肉に負荷をかけると，このタンパク質の合成と分解のバランスに変化が起きることがわかっている．そのとき筋肉ではアミノ酸トランスポーターの門が開き，食事などによって取り入れたアミノ酸が，筋細胞中に取り込まれ，タンパク質が合成されていく．こうして，タンパク質合成の働きが分解の働きを上回り，筋肉のタンパク質が次々に栽培されるように増えて筋肉が肥大する．これが，レジスタンストレーニングによる筋肥大の仕組みである（図2-5）．

　レジスタンストレーニングや，練習に打ち込んだ後に筋肉痛を経験したことがあるだろう．この痛みは，筋線維が傷ついた痛みである．一定の休息をとると，その破壊された部分を修復しようと，筋肉ではタンパク質合成が高まる．こうしてトレーニング前よりも筋線維が太くなり，筋量はトレーニング前に比べて増加し，強い筋力が手に入る．このように筋肉が修復されて筋力が高まることを**超回復**（ultra-recovery）と呼ぶ．筋肉痛の痛みは一過性で，強くなるための痛みなのである．超回復に要する時間は，短時間で回復する腹筋や，長い時間を要する胸筋など，同じヒトの身体の中でも部位ごとに異なる．24〜72時間といわれる超回復の時間を考慮して，トレーニングは1日おきに行うなど，

適宜休息を入れることがさらに筋肉を強くさせる秘訣である.

2-3 得意なスポーツは？──筋線維組成

あなたは，短距離走と長距離走のどちらが得意だろうか．身体には，短距離走と長距離走それぞれを得意とする骨格筋があることを知っているだろうか？ヒトの骨格筋は，大きく分けて**速筋**（FT）と**遅筋**（ST）の2種類（または両者の中間を加えた3種類，後述）に分けられる（図2-6）．速筋を構成する**速筋線維**（fast twitch fiber）は，大きな張力を発揮し，瞬発力の発揮に優れている．対して，遅筋を構成する**遅筋線維**（slow twitch fiber）は，張力は小さいが，持久力に長けている．遅筋線維には，**ミオグロビン**（myoglobin）という赤色のタンパク質が多量に含まれ，赤く見えるため赤筋線維ともいう．ミオグロビンは細胞内で酸素を運搬するため，遅筋線維は多くの酸素を取り込み有酸素性の代謝を効率よく行うことができ，高い持久性を有するのである．速筋線維はミオグロビンが少なく白っぽく見えるので，白筋線維とも呼ばれる.

この筋線維タイプの分類にはさまざまな方法があるが，前述の二分法に，収縮速度とエネルギー合成系の特徴を組み合わせて3種類に分けることができる．①収縮速度は大きいがすぐに疲労してしまう**FG**（Fast-twitch Glycolytic）**線維**，②収縮速度が大きく，解糖系と酸化系の両方の能力が比較的高く疲労しにくい**FOG**（Fast-twitch Oxidative Glycolytic）**線維**，そして③収縮速度は小さいが酸

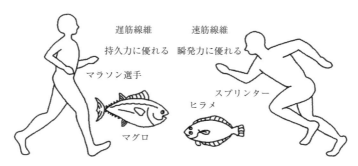

図2-6　骨格筋の質：速筋と遅筋

化系の能力が高く疲労しにくい **SO**（Slow-twitch Oxidative）**線維**である．

この筋線維タイプの特徴と身体に配置されている部位とを比較してみると，骨格に近い深部にあり，姿勢を保持する筋肉（抗重力筋）は長時間の活動にも耐えられる遅筋線維（SO），素早い動作に対応する体表に近い筋肉には速筋線維（FG）が多くなっている．人体の骨格筋を構成するこの筋線維の割合は，遺伝子によって決まっているといわれ，筋肉の構成割合には生まれながらにして個人差がある．

大腿の外側広筋は，一般人では速筋線維と遅筋線維がほぼ同比率であるが，世界的なトップスプリンターは中間筋線維と速筋線維が80％以上，逆にマラソン選手では遅筋線維が80％以上を占めている（図2-7）．これは生まれもった先天的要因とトレーニングという後天的要因によって，より特徴的な筋組成割合ができあがり，その結果として，スプリントやマラソンのパフォーマンスが高くなったといえる．

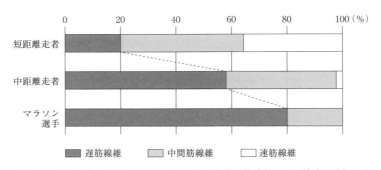

図2-7 競技選手と筋線維タイプ（ヒト外側広筋の筋線維タイプ構成比率）の例

筋線維タイプの特徴は，魚の筋肉をイメージすると，その性質を考えやすい．遠洋を悠々と回遊するマグロは，持久力に長けた長距離型で，遅筋線維を多くもつ赤身の魚である．一方，ヒラメなどの近海魚は，海底で静かに獲物を待ち，素早く動く短距離型で速筋線維を多くもつ白身魚である．

遺伝子によって筋線維の割合は決定される部分もあるが，ヒトの動きや持久力は遺伝子だけによっては決まらない．持久的トレーニングによって，速筋線維に遅筋線維の性質をもたせることは可能だといわれている．その逆の適応は

起こりにくいと考えられているが，速筋線維は太くなりやすいという性質がある．負荷の強いトレーニングを積むことで，短距離走に強い速筋を強化できるのである．ただし，持久的トレーニングでは速筋は萎縮して，相対的に遅筋の割合を増やして，長距離型の身体になる．練習やトレーニングを重ねる中で，身体も筋肉の性質も変化していくのである．

2-4　あなたの設計書──DNA の構造

　ヒトの体を構成する約 60 兆個（約 37 兆個という説もある）もの細胞の性質を決めているのは，細胞の中にある **DNA**（Deoxyribonucleic Acid）である．いわば，細胞の設計書である DNA に刻まれた情報に基づいて，1 つ 1 つの細胞はつくられ，身体を組み立てている．1 つにみえるあなたの身体は，それぞれに役割をまっとうしている約 60 兆もの細胞の集まりといえる．

　1 つ 1 つの細胞はじっくりと目を凝らしても肉眼では見えないが，細胞の中にある直径約 3 〜 10 μm の核の中に DNA がしまわれている（図 2-8）．DNA の基本単位ヌクレオチドは，糖の一種であるデオキシリボースと，リン酸，塩基から構成され，塩基はアデニン（A），チミン（T），グアニン（G），シトシン（C）の 4 種類である．多数のヌクレオチドが鎖状に連なったポリヌクレオチド（ヌクレオチド鎖）2 本において，塩基同士が水素結合で結合し，全体として**二重らせん構造**（double helix structure）をとっている．塩基はすべて二重らせん構造の内側にあり，アデニンとチミン，グアニンとシトシンが対になり結合する．このヌクレオチドの並び方（塩基配列）が暗号となって，私たちにはわからない言語で情報が記録されている．この細く長い，そしてとても重要な 2 本鎖の DNA がヒストンというタンパク質に巻きつけてまとめられたものを**染色体**（chromosome）と呼ぶ．生殖細胞や，DNA をもたない細胞を除き，ヒトの細胞は，染色体を 46 本ずつもっている．この 46 本は母親から 23 本，父親から 23 本を受け継いだ財産でもある．

　ヒトの筋線維や，瞳の色を決める情報が染色体上のどこにあるのか表したものをヒトゲノムマップという．膨大な暗号の中には，ジャンク DNA と呼ばれるタンパク質をコードしないものもある．

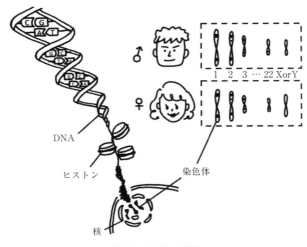

図 2-8 DNA の構造

2-5 一番小さな自分——原核細胞と真核細胞

　すべての生物がもつ DNA．真核細胞では，DNA を核に含んでいる．核は，核膜と呼ばれる二重の膜で囲まれており，核膜には多数の核膜孔が存在する．核膜孔は，核内と核外の細胞質基質の間で物質が移動するための孔であり，タンパク質や RNA などの物質が選択的に出入りする．核の内部は核液で満たされ，染色体と核小体が浮かんでいる．核小体では，タンパク質を合成する装置であるリボソームの部品がつくられている．

　細胞の中に核を持つ細胞を，**真核細胞**（eukaryotic cells）という．真核細胞では，ミトコンドリアなどの細胞小器官が発達している．真核細胞からなる生物は真核生物と呼ばれ，ヒトや，実験観察でよく用いられるウニやオオカナダモ，酵母菌など多岐にわたる．対して，核をもたず，DNA が細胞中に露出している細胞を**原核細胞**（prokaryotic cell）という．原核細胞は細胞小器官をもたず，単純な作りをしている．原核細胞からなる生物を**原核生物**（prokaryote）といい，シアノバクテリア，大腸菌，乳酸菌などがあげられる（図 2-9）．

　初めて海で誕生した生物は，単細胞の原核生物だったといわれており，生物

の活動が活性化した海の中で，細胞膜を陥入させDNAを囲った生物が現れたと考えられている．こうしてDNAを包んだ膜が二重の核膜となり（図2-10），核をもつ細胞からなる生物が現れた．真核生物の誕生である．

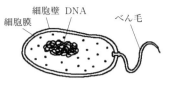

図 2-9　原核生物の模式図

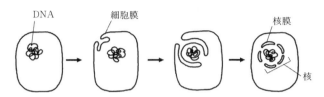

図 2-10　原核細胞から真核細胞へ

　さて，真核生物である動物の，動物細胞をくわしく見てみよう（図2-11）．細胞は，DNAをしまった核をもつだけでなく，タンパク質ATP（第5章）を作り出すなど，さまざまな面から生命活動を支えている．細胞を知ることは，一番小さな自分を知ることであるといえよう．

- **細胞膜**（cellulan membrance）：すべての細胞に存在する膜で細胞の一番外側を囲んでいる．細胞の内と外とを区別し，細胞への物質の出入りを調整している．水になじみやすい親水基と，水になじみにくい疎水基をもつリン脂質が，疎水基を内側にして向き合ってリン脂質二重層を形成している．そのリン脂質の間には膜タンパク質が埋め込まれている．膜タンパク質は，細胞の活動状態にあわせてある程度自由に動くことができ（流動モザイクモデル），物質の輸送や受容に関与する．

- **細胞質基質**（cytosol）：細胞質基質は細胞質中の液体成分で，イオンや酵素，水溶性物質などが溶けていて，さまざまな物質の合成や分解などの化学反応の場となる．乳酸系は，この細胞質基質でATP生産を行う．

- **ミトコンドリア**（mitochondrion）：細胞内での呼吸の場．呼吸に関する多くの酵素を含み，酸素を用いて有機物を分解し，エネルギー物質としてATPを合成する．ATPに蓄えられたエネルギーで生物は生命活動を営む（くわしくは第4章）．

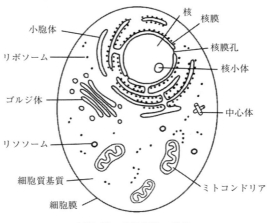

図 2-11 動物細胞の構造

- **リボソーム**（ribosome）：DNAの遺伝情報をもとに，タンパク質を合成する．核内でDNAから遺伝情報が転写されたmRNAは，核膜孔から核外の細胞質基質へ出る．そのmRNAにリボソームが結合し，塩基配列にしたがってアミノ酸をつなげ，タンパク質を合成する．タンパク質は，身体を構成したり，体内での化学反応を触媒する酵素となったりと，私たちの身体の生命活動には欠かせない存在である．
- **小胞体**（endoplasmic reticulum）・**ゴルジ体**（golgi）：粗面小胞体は表面にリボソームがついていて，タンパク質合成を行い，滑面小胞体は脂溶性物質の代謝や貯蔵などを行っている．つくられたタンパク質は目的にあった修飾を受け，ゴルジ体から目的地へ送り出される．
- **中心体**（central body）：細胞分裂時，染色体を移動させる紡錘り糸の起点となる．真核生物の繊毛やべん毛の形成に関与する．
- **リソソーム**（lysosome）：細胞内に数百個存在し，老廃物や有害な物質を分解する．

細胞膜に包まれた1つ1つの細胞の中で，これらの驚くべき活動が行われている．また，その細胞内に含まれる細胞小器官の数や種類，形は，細胞によって異なる．たとえば，エネルギーをたくさん必要とする筋肉の細胞は，ミトコ

ンドリアを多く含み，効率的にエネルギーを作り出すことができる．

多細胞生物であるヒトは，たった1つの受精卵から始まり，幾度もの分裂を経て細胞の数は増え，約60兆個の細胞で構成されている．筋肉の一部としての役割をもつ細胞，神経の一部となる細胞，ある細胞は血球の細胞に．このように，細胞が特殊化した構造や機能をもつ細胞になることを分化という．

分化した細胞は，似た性質をもつもの同士で集まり，それらが数種類集まって組織となる（図2-12）．さらに組織が身体の中で協力して役割を果たすもの同士でまとまり，形態的に区別されるものを器官といい，器官を役割の観点から分別したものを器官系と呼ぶ．たとえば，呼吸系や循環系など身体の中でそれぞれのチームが，さらに他のチームとタッグを組んで身体を支えている．

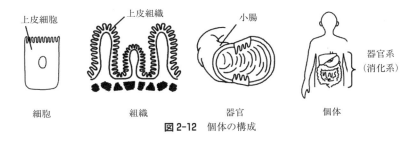

図2-12 個体の構成

2-6 細胞のクローン──細胞分裂とそのメカニズム

ヒトはみな，初めは1個の受精卵にすぎないが，何度もの細胞分裂を経て細胞数は増えていく．細胞は，1回の分裂で2つに分かれるという性質があり，分裂する細胞を母細胞，分裂後にできる細胞を娘細胞と呼ぶ．体細胞分裂では2つの娘細胞にDNAを分けるため，分裂前に母細胞のDNAは一時的に2倍量になる（複製）．細胞分裂の過程では，正確にDNAを2つの細胞に分けるために，驚くほど精密で高度な仕組みがある．その鍵を握るものの1つが中心体である．中心体は，分裂期に細胞の両端に移動し，紡錘糸を形成する．ヒストンに巻きつけられ染色体としてまとまったDNAは，分裂期中期に赤道面に並んだのち，紡錘糸により，半分ずつ両端に引っ張られる．この両端は動物極・

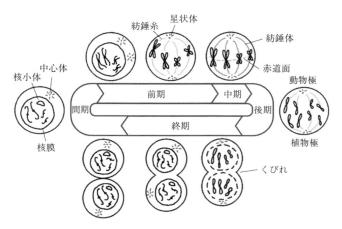

図 2-13 細胞分裂のサイクル

植物極と呼ばれる．細胞質にはくびれが形成され，ちぎれるように分かれて2つの娘細胞ができる．このような分裂を**体細胞分裂**（somatic cell division）という（図 2-13）．

しばしば観察に用いられるウニの受精卵は，バイオメカニクスの分野でも研究の対象となっており，細胞が分裂する際に形成されるくびれの張力が計測されている．くびれは，環状に取り巻く微細構造によって形成されていると考えられ，外側に引っ張られる張力と，それに対抗するように内側に働く力があると考えられている．

分裂後の細胞は，分化して，休止期に入ったり，また次の分裂を迎えたりすることとなる．分裂してできた細胞が次の分裂を終えるまでの過程を細胞周期と呼ぶ．細胞周期の中で，分裂に必要な物質は蓄積されたか，DNA の塩基配列が正確に複製されたかなどのチェックを経て細胞は分裂することができる．このチェックを通過できなかった場合，細胞死（アポトーシス）を迎えるが，これらの機構がはたらかず，過度に分裂が進み，細胞が増えすぎたものは腫瘍と呼ばれる．細胞は時に死に至ることで，自らの身体を守っている．

また，分裂前に母細胞での DNA の複製が行われず，娘細胞の DNA 量が母細胞の半分になる**減数分裂**（meiosis）がある．減数分裂が起こるのは，DNA 量が半減した別の細胞と一緒になって1つの細胞となるとき，つまり遺伝と生

殖に関わるときである．それぞれ染色体を 23 本ずつもつ卵と精子が受精し，染色体を 46 本有する受精卵から，ヒトは生まれる．こうしてヒトは，母親と父親の遺伝子を半分ずつ受け継いでいくのである．

★進化豆知識　生物としてのルール──生物の共通性

　豊かな自然の中で，たくさんの生物が暮らしている地球は，無限の宇宙の中でも珍しい惑星である．地球上の多種多様な生物を区別するために「種」という分類が設けられている．地球上の生物の中で一番種の数が多いものは，昆虫やエビなどの節足動物の仲間であり，私たちホモサピエンスは，約4400種しかいない哺乳類の中の一種である．生態系の微妙なバランスを保ちながら共存し，それぞれの命をまっとうしているこれらの生物たちは，姿も生き方も多種多様であるが，生物たちをつなぐ共通性がある．

①細胞の形，大きさはさまざまであるが，すべての生物の体は細胞で構成されている．ヒトのようにたくさんの細胞で形が構成されている生物を多細胞生物という．対して，ゾウリムシのように体が1つの細胞で構成されている生物を単細胞生物という．

②すべての生物は，遺伝情報としてDNAをもつ．DNAは，それぞれの生物の設計図ともいえ，その生物のタンパク質を作り出すためのすべての情報が記録されている．

③すべての生物は，代謝によりエネルギーの出し入れを行う．生体内では，物質の合成や分解によるエネルギーの変化にともない，エネルギーが出し入れされる．電化製品が動くために電気が必要であるように，生物が生きていくためにはエネルギーが必要である．そのエネルギーはATPによって受け渡しされている．

④すべての生物は，体外環境が変化しても，体内環境をほぼ一定の範囲内に保つ．この性質を恒常性（ホメオスタシス）という．たとえばヒトは，暑さを感じれば汗をかいて熱を逃がし，寒さを感じれば筋収縮により熱を作り出し，外部の温度が変化しても体内温度を調節する恒温動物である．体温に限らず，体液濃度などの体内環境の維持は，代謝を正常に行う上で極めて重要なことである．

⑤すべての生物は，生殖により，子孫を残すことができる．親の形質が子孫に受け継がれることを遺伝という．生殖には，体が分裂したり，一部が独立したりして増殖し，雌雄の性が関係ない無性生殖と，雌雄の性が関係する有性生殖がある．

　現在，多種多様な生物が生きるこの地球は，約46億年前にガスと塵から誕生

46　　第2章　身体の基本──細胞とDNA

した．地球上での生命の痕跡は約38億年前の化石の中に見つけることができる．光合成の際に排出された酸素は，やがて海中から大気中に出ていき，紫外線が当たり一部がオゾンとなり，上空でオゾン層を形成した．オゾン層は，太陽からの紫外線を吸収して地球の地表に降り注ぐのを防ぐなどの役目をし，陸上は生物たちにとって生きやすい場所となった．生物が，海の中からオゾン層に守られた大地への一歩を踏み出したのは，いまから約4億5000万年前．地球の約46億年の歴史の中で考えると，生物が陸上に現れたのはまさに最近のことなのである．太古の海の中で誕生した生物の命は，5回の大量絶滅の危機を乗り越えて今日この日まで続いてきた．9割以上の生物が命を落とした時代もあったという．数え切れないほどの多くの生物たちの絶滅と進化を経て，現在へと生命が受け継がれている．

第3章　身体の土台──骨

3-1　二本脚で立つ──地面反力と運動

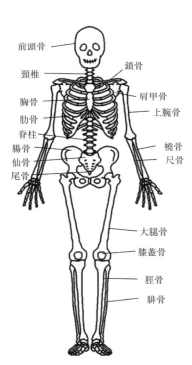

図 3-1　ヒトの骨格

　地球上で生活する生物たちは重力の作用を受けている．陸上にいる私たちの身体は重力により地球の中心方向に引っ張られているが，反対に地面に対して抗力を発揮し，その力を利用して身体を移動させている．このとき地面から身体に作用する力を**地面反力**（ground reaction force）という．地面反力は，床に埋め込んだフォースプレートと呼ばれる機械で計測することができる．フォースプレートと，空間内での身体の動きを記録する3次元モーションキャプチャシステムによって，その動作の中で身体の各関節が生み出している回転の力（トルク）を算出すると，その動きを作り出すメカニズムが見えてくる．このような研究手法を3次元動作解析と呼ぶ（第7, 8, 9章）．

　身体と重力との関係でみてみよう．強力な重力によって真下に引っ張られてい

るにもかかわらず，ヒトは地面にへたり込んでしまうことなしに，まっすぐに立つことができる（図3-1）．直立位では骨と骨（たとえば，大腿骨と下腿骨）が押し合う関節反力が大きな役割を果たす．このとき，重力に対抗し身体の姿勢を保つために働く筋肉を抗重力筋と呼ぶ．代表的なヒトの抗重力筋には，脊柱起立筋や下腿三頭筋などがあるが，これらの筋肉は姿勢保持や関節の屈曲や伸展などに大きく貢献している．

　ヒトの祖先が四足歩行だった時代，脊柱起立筋の役割は，現在のそれとは異なっていただろう．身体と地面との接触面積が大きいことは，姿勢保持に貢献する．脊椎動物の中でも，ヒトは接触面積の小さい2本の足で立つ珍しい動物である．上半身を起こして身体重心を高い位置に保ち，体重の約10％の重量をもつ頭を背骨の上に置く立位姿勢では，重心線は足関節中心よりも少しだけ前を通る．つまりその姿勢では身体は前方に倒れてしまうため，身体を後方へ引っ張る必要がある．それを主に行うのが下腿三頭筋である．私たちの立位姿勢は，容易に保たれているように感じるかもしれないが，身体各部の筋肉や，関節など，複数の要素の組み合わせで成り立っている．さらに，眼や耳，皮膚などの感覚器で受け取られたさまざまな情報は，感覚神経を伝わり中枢においてまとめられて処理される．そしてその情報は身体へフィードバックされ，姿勢は調整される．

　身体の重さを支える**支持基底面**（support base surface）が大きければ大きいほど，姿勢の安定性は増す（図3-2左）．静止して立っているときに誰かに肩

図 3-2　姿勢の安定と支持基底面（左）と方向転換と地面反力：重心を低くした姿勢（右）

3-1　二本脚で立つ——地面反力と運動　　49

を横から押された場合を思い浮かべてみよう．たとえば上半身の姿勢が同じ場合，足と足の間隔が広く，支持基底面が大きいほうが，安定して立つことができる．また，支持基底面の大きさだけでなく，その身体が重ければ重いほど，重心の高さが低ければ低いほど，姿勢は安定する．武道の向かい合ったときの姿勢や相撲の四股など，そして多くのスポーツの構えの中にも，このポイントをみてとることができる．

3-2　200のパーツ——骨とアライメント

　皮膚や筋肉，内臓などを取り除いていくと，やがて理科室でおなじみの骸骨が現れるが，骸骨は歩くことも，踊ることもできない．「踊れ！」という指令を届ける神経も，骨を動かす筋肉もつながっていないからである．しかし，運動において骨は重要な役割を担っている．

　骨の機能は，次の3つになる．①筋力を受けて動作を生み出す「てこ」としての機能，②立位などで身体を支える機能，そして③内臓などを保護する機能である．身体全体の骨は，頭蓋骨・脊柱・胸郭・胸骨を体軸性骨格（いわゆる体幹），肩甲帯から遠位の骨を上肢，下肢帯から遠位の骨を下肢とした付属性骨格（体肢あるいは四肢）として区別することもある．さらに上肢は，中心に近いほうから，上腕，前腕，手，また下肢は，大腿，下腿，足と呼ばれる．体肢の動きについては，体幹・身体の中心から遠ざかるときを**外転**（abduction），近づくときを**内転**（adduction），体幹・身体の中心に対して近位の体節が遠位の

図3-3　関節の動き

50　第3章　身体の土台——骨

体節と近づくときを**屈曲**(flexion), 反対に離れるときを**伸展** (extension) という (図3-3).

運動するとき,随意筋である骨格筋は,物体や地面に直接力を伝えるのではなく,骨を引っ張ることで関節の屈曲や伸展を起こし,最後は皮膚を介して地面などの外界に力を伝える.このように,骨格筋は骨を「引く」ことしかできないが,骨と関節によるてこ作用によって,外界の物体を「押す」ことや,地面反力に抗することができる.

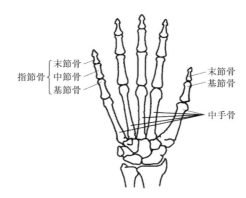

図3-4 実は長い指の骨

1人のヒトを形作る骨の数は約200個に上る.細かい骨や,大きく硬い骨など,ヒトの骨格は多様な骨の集まりで構成されている.たとえば,人差し指から小指の4本の指には指節骨と呼ばれる小さな骨が3つずつ存在し,これらの骨と手首をまたいで前腕部や上腕部に付着している筋肉によって,細かな動きがつくられる(図3-4).また,可動域と自由度の大きい親指には末節骨と基節骨という2つの骨がある.基節骨と中手骨の関節は身体の中でもとくに可動域の大きい関節で,この関節の構造と母指球の筋肉の働きにより,親指を他の4本の指と向かい合わせたり,手のひら側に内転させたりすることができる.強くつかむ,そっとつまむなどの多様な動きは,手の皮膚の下にある多くの骨,その骨につながる筋肉によって微調整されている.

骨の形や大きさはさまざまである.上腕骨や大腿骨などの長骨,手根骨や足根骨などの短骨,頭頂骨や前頭骨などの扁平骨,椎骨や下顎骨などの不規則骨に分類される.また,上顎骨や側頭骨のように内部に空気が入る空洞をもつ含気骨があるが,これがとくに発達しているのは鳥類で,骨を軽くする効果があるという.

3-3 強い絆——関節と骨

　ヒトの身体の中心にある背骨は椎骨が椎間円板を挟んで連結し，全体的にS字に湾曲して身体の中心をなし，頸椎7個，胸椎12個，腰椎5個，仙骨，尾骨で構成されている．背骨が流れるような滑らかな動きをすることができるのは，椎骨という小さな部品がチェーンのように連なっているからである．

　骨と骨を連結させる部分を**関節**（joint）という．ほとんどの骨格筋は，関節をまたいで付着する（図3-5）．筋肉は非常に硬い組織である腱を介して骨にしっかりと付き，体幹に近いほうは**起始**（origin），遠いほうは**停止**（stop）と呼ぶ．筋肉が収縮すると，腱の両側の骨が引き寄せられ，関節の角度が変化し，骨の位置は3次元的に変化する．たとえば腕の屈曲伸展を例に考えてみると上肢の上腕二頭筋は，**主働筋**（agonist muscle）として肘関節を屈曲させる．**拮抗筋**（antagonistic muscle）である上腕三頭筋は，このとき弛緩している．反対に，肘関節を伸展させるときは，上腕三頭筋が収縮し，上腕二頭筋は弛緩している．

　筋肉が発揮する力は関節を介して骨を動かす．そのときに発揮された筋力は，関節のてこ作用により，身体外へ出力する．例として，重りを肘の屈曲（図3-6）で支えている姿勢を考えてみると，支点は関節にあり，力点は主働筋の付着部位，作用点は重りを下げている手関節となる．関節が回転する力をトルク（単位：Nm）という．支点から力点までの距離を基準1とすると，支点から作用点までの距離が約5倍のとき，この比（1:5）を**てこ比**（leverage ratio）といい，これを考慮すると，手首に10kgwの重りを下げていて静止しているとき

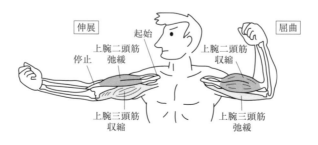

図 3-5　骨格筋による関節の動き：主働筋と拮抗筋

（静止では，重りを重力で下げる肘伸展トルクと，重りを筋力で持ち上げる屈曲トルクが同値となる）．つまり主働筋である上腕二頭筋の発揮する力は5倍の50kgwとなる．

このてこ比を勘案して，重い荷物を持ち上げる姿勢を考えてみる（図3-7）．通常は（a）よりも（b）の姿勢のほうが腰への負担が少ない持ち上げ方だといわれている．てこ比をもとに，両姿勢での背筋が発揮す

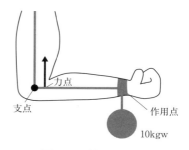

図3-6 関節のてこ作用

る力を比較してみると，（a）が3000N（≒300kgw）に対して，（b）は2000N（≒200kgw）となり，（b）のほうが（a）に比べて2/3の背筋が発揮する力で持ち上げることができる．このようにてこ比を用いれば，感覚的に楽だと思える姿勢がどの程度楽なのかを客観的に示すことができるのである．

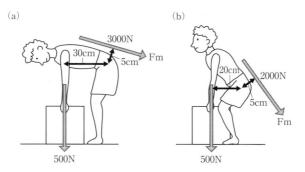

図3-7 姿勢の変化による筋肉の負担比較

ところで，骨と骨は，靱帯と呼ばれる，硬いが柔軟性のある組織によってしっかりと固定されている．多くの関節は，複数の靱帯が関節の可動域を大きく超えることがないように働いている．靱帯の機能は，①関節包の一部となって関節を包んで機械的な強度を増加させる，②運動時に関節を支持する，③柔軟性に関して運動制限する，という3つがある．過度な負荷によって靱帯が伸ばされてしまうと，関節の強度が落ち，習慣的な脱臼の原因になることもある．

3-3 強い絆——関節と骨

また，靱帯の内側には，動きによって骨がすり減ってしまわない仕組みがある．1つは，骨端を覆う関節軟骨である．表面が滑らかな関節軟骨は，骨と骨がこすれあうのを防ぎ，また衝撃を吸収する．さらに，この周りを満たす滑液は，関節軟骨の滑らかな動きを助け，関節軟骨に養分を与える役割もしている．

　スポーツやトレーニングが骨に与える刺激は，骨の強度を上げ，また関節軟骨の厚みを増し，弾力性を上げることがわかっている．しかし，過度な刺激や負担は，骨の成長を止め，関節軟骨の表面を傷つけてしまう．関節軟骨が損傷すると，滑膜から修復のため栄養を含んだ滑液が分泌され，この滑液が過度にたまった状態はしばしば「関節に水がたまる」と呼ばれる．靱帯は，強靱な結合組織でできた短い束状の組織で，主成分はコラーゲンである．

3-4　柔らかくしなやかに——骨のつくり

　立つ，走る，踊る，このように身体がダイナミックに動くときも身体の姿勢が保たれているのは，骨に変形しにくいという性質があるからである．骨の構成をみてみよう．骨は主に次の4種類の組織からできている（図3-8）．

　①**骨質**（bone quality）：骨の主体となる組織で，表層の緻密質と内部の海綿質に区別される．身体を支え，強い衝撃にも簡単には屈しない強さの秘密は，海綿質にある．海綿質は空気を含みスポンジのようにやわらかく，この弾力性が骨をより強固なものにしている．②**軟骨質**（cartilaginous）：関節に弾性を与え，緩衝帯の役割を果たす関節軟骨と，骨の成長をすすめる骨端軟骨からなる．後者の軟骨質は骨の成長が止まると骨化する．③**骨髄**（marrow）：海綿質の骨柱の小腔と管状骨の髄腔にある軟組織からなる．骨髄は造血作用をもち，血球を作り出している．④**骨膜**（priosteum）：骨の表面を包む膜で，関節面には存在しない．骨折などで骨が損傷すると，骨膜が造骨機能を果たし，骨質の新生を行う．

　骨の末端を骨端，骨端と骨端の間を骨幹と呼ぶ．成長期の子供の骨のレントゲンを撮ると，骨端と骨幹の間に空洞があるようにみえる．骨端線と呼ばれるこの線は，骨端軟骨であり，骨が伸びるためのすき間である．身体に吸収されたカルシウムが，このすき間の骨端線にたまっていくことによって骨が少しず

つ伸長し，それにともない骨端線も移動する．成長期を終えると，骨端軟骨は骨化し，この骨端線のすき間は埋められる．

骨は主に，コラーゲンからなる骨基質と，リン酸カルシウムからなる骨塩で構成されている．カルシウムは骨の形成に重要な物質であるが，骨の形成以外にも細胞機能の調節において中心的な役割を担っているた

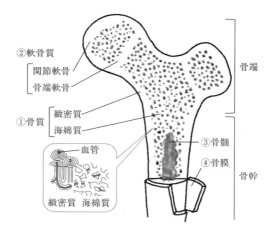

図 3-8　骨の構造

め，血液中につねに一定の濃度（9～11mg/dl）が保たれていなければならない．身体に存在するカルシウムの 99％が骨に貯蔵されており，血液中のカルシウム濃度が下がると，骨からカルシウムを放出し，血液中の濃度を一定に保とうとする．したがって，カルシウム摂取量が不足すると，骨密度が低下する．骨粗鬆症（3-5 節参照）の原因の 1 つとしてカルシウム摂取量の少ないことがあげられるが，私たち日本人は元来カルシウム摂取が十分ではない．さらに，最近はリン酸塩を多く含む加工食品，インスタント食品を多く摂るようになった．リンの摂取が多くなりすぎると，カルシウム利用率が低下するので，せっかく摂取したカルシウムが有効利用されないことになる．牛乳などカルシウムを多く含む食品を摂るとともに，リンの過剰な摂取を控えることが骨密度低下の予防になる．また，骨密度は運動とも強く関係している．運動によって骨に刺激を与えると，カルシウムが骨に沈着しやすくなるのである．若い頃から運動習慣をもつことによって骨密度を高めておくべきであるが，次節でくわしく述べるように，とくに女性では閉経後に骨粗鬆症が多く発生する傾向にあるので，中高年になったらカルシウムとタンパク質の摂取とともに適切な運動を心掛けるようにしたい．

3-4　柔らかくしなやかに——骨のつくり

3-5　生まれ変わる骨格——骨代謝回転

　生きている限り，骨は破骨細胞による骨吸収と骨芽細胞による骨形成を繰り返していて，この一連の流れを**骨代謝回転**（bone tuneover，リモデリング）という（図3-9）．通常，骨形成と骨吸収のバランスは，栄養，ホルモン，運動刺激などさまざまな因子によって調整されているが，このバランスが崩れて骨吸収が骨形成を上回ると骨量が低下してしまう．骨量が低下し，骨組織の微細構造が変化して骨が弱くなり骨折しやすくなった状態を，**骨粗鬆症**（osteoporosis）という．

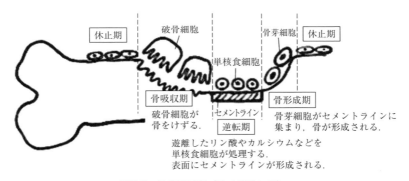

図 3-9　骨代謝回転（リモデリング）

　私たちの身体の骨密度は，一生のうちで20歳前後でピークとなり，加齢とともに減少していく．骨吸収と骨形成のバランスの崩れは，骨芽細胞の老化とカルシウム調節ホルモンの生産能力の低下が進むほとんどの老年者に発生する．とくに，骨代謝に関わっている女性ホルモン（エストロゲン）の欠乏を来す閉経後の女性においては顕著である．骨粗鬆症の約9割は老齢期に起こり，それぞれ老人性骨粗鬆症，閉経後骨粗鬆症と呼ばれる．日本国内の骨粗鬆症の患者の大半は女性であり，女性は若いときから骨密度を意識する必要がある．

　加齢にともなう骨量の減少は男性に比べて女性のほうが大きいが，骨の種類としては，海綿質のほうが緻密質よりも多く減少する．老化にともない，緻密質では厚みと密度の減少による骨萎縮が生じ，海綿質では骨梁数の減少と骨梁

間距離の拡大による骨粗鬆化が起こる．骨粗鬆症による骨折は，腰椎や大腿骨頸部といった部位の海綿質部分に発生しやすい．大腿骨頸部の骨折は，日本では1年に12万件も発生しているが，大腿骨頸部の骨がもろいと，人工関節を埋入する大手術を受けなければならないこともある．

骨の強度は，骨破壊に至る加重の大きさで評価することができ，骨の構造や構成部分，とくにミネラル量と高い相関がある．骨強度は骨塩量によって決まるが，骨塩量が減少しても骨折を生じない例もあり，骨強度は単位面積あたりの骨塩量だけでなく，海綿質と皮質質それぞれの質や構造の変化からも影響を受けているといわれる．

骨は加齢とともに構造と代謝に変化が生じるが，その減少の割合には性差があり，女性のほうが骨粗鬆症の危険性が高い．したがって，骨を意識したトレーニングや刺激は，年齢や性を考慮して行わなければならない．骨量の増加が期待できる若年者と骨量低下が始まっている中高年者とでは，当然ながら，トレーニングの質と量を変えなければならず，またトレーニング効果も異なってくる．とくに，骨粗鬆化が進んでいる高齢者がトレーニングを行う際には，過度の負荷によって逆に骨折を引き起こさないように注意しなければならない．加えて，運動を選択する際は部位による骨質の違いや骨にかかる力の方向などを考慮しなければならない．骨に対するトレーニング効果は，力学的負荷が加わった骨に対して現れるので，強化したい骨を明確に定めて刺激を加える必要がある．前述した骨量低下を来たしやすい腰椎や大腿骨頸部は，注意しながら強化を図ることが大切である．

骨代謝に影響する要因には，遺伝，内分泌系などの内的要因や，栄養，運動，ライフスタイルなどの環境的要因があり，それらが総合的に関わって骨の構造と機能を決定する．たとえば，遺伝や栄養などもすべて同条件である個人内で，脚の骨密度の左右差を比較してみると，陸上競技の走幅跳びや走高跳びの選手は，踏切脚の骨密度のほうが高いという研究結果も報告されている．また，女性の場合は，競技者のような過剰なトレーニングはエストロゲンの減少を引き起こし，骨形成どころか骨吸収を促すこともあるので，トレーニング量にも注意しなければならない．さらに，一般の若い女性に多くみられる過度のダイエットは，カルシウム不足やホルモンバランスの崩れを引き起こし，除脂肪組織

（主に筋量）の減少や骨の弱体化につながることも忘れてはならない．

3-6　どこまで動く？──関節可動域 ROM

　骨の連結部である関節には，椎間板のようにある程度の変形が可能な軟骨性連結の関節，そして肘関節や膝関節など可動域の大きな滑膜性連結の関節があり，スポーツのようなダイナミックな活動では，摩擦が小さく可動性の高い滑膜性関節が大きな役割を果たす．関節全体は関節包で取り囲まれ，関節包内は滑液が満ちている．またほとんどの関節は靱帯や軟骨によって支持されている．

　関節をまたぐ２つの骨の一方を，ある面の上で回転させる場合，その回転が限界に達したときの回転角度の範囲を**関節可動域**（ROM: Range of Motion）という．ROM は主に次の３つの要因よって決まる．第１要因としては，骨の ROM である．通常，肘関節や膝関節は 180 度以上伸展しないが，これは骨の形状が制限因子となっているためである．ROM は，第２要因である関節靱帯によってさらに狭くなり，たとえば，手関節や足関節では著しい．ただし，靱帯が柔らかく長く伸びる場合には，骨の ROM とほぼ同等になる．また，関節周りを取り巻く軟組織によっても ROM は影響される．次に，立位あるいは座位体前屈を行うときのハムストリングスのように，第３要因として筋腱複合体の柔軟度が ROM に関係してくる．

　関節の運動は，ある点または軸を中心とした回転運動としてとらえることができ，その軸の数によって関節の自由度が決定される．肘関節などの**一軸関節**（uniaxial joint）は，有する軸が１つだけで，蝶番関節としての運動が起こる．膝関節は一軸関節に含まれるが，全可動範囲で運動軸が移動するので厳密にいうと蝶番関節ではない．手関節や足関節は，**二軸関節**（biaxial joint）に属し，直角に交わる２本の運動軸を中心とした多方面の運動が可能である．そして，肩関節や股関節は球関節で，直角に交わる３つの動作平面に運動軸をもつ**多軸関節**（multi-axis joint）で，３次元の自由な運動が可能となる（図 3-10）．

　ところで，骨と関節の配列のことを**アライメント**（alignment）といい，たとえば下肢の O 脚，X 脚，扁平足などの形態上の特徴を示す．骨や関節には湾曲や捻れが存在するが，この湾曲や捻れの度合いが強いとスポーツ障害発生の危

58　　第３章　身体の土台──骨

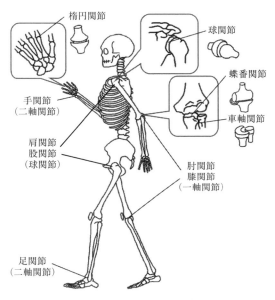

図 3-10 ヒトの骨格と関節

険が高まることがある．O脚とX脚は，下肢が膝関節の前頭面上で，それぞれ外方あるいは内方へ湾曲しているものをいう．また，O脚と合併してみられるものに脛骨内反がある．これは脛骨が前頭面上で外側に湾曲しているもので，湾曲が強いと骨へのストレスが強まり，疲労骨折を起こしやすいといわれている．また，X脚では膝関節の外側に圧力がかかり，半月板損傷や膝蓋大腿関節症などを引き起こしやすい．さらに，膝蓋骨が内側に向いている「やぶにらみ膝」において，下肢の捻れを評価する方法としてQ-angleが知られている．下肢アライメントとしては，膝以外に，扁平足や凹足などがある．これらは，スポーツ障害予防のために，個人ごとに評価して対応していく必要がある．

★進化豆知識　背骨の始まり——カンブリア爆発と背骨の獲得

　地球には，私たちの知らない生物が多く存在する．はるか遠い地に住む生物，名前のまだ付いていない生物，そして，はるか昔に絶滅してしまった生物たち．過去に地球は，幾度か氷に覆われた時代があったと考えられている．スノーボールアース（全球凍結）である．6億6500万～6億3500万年前にも地球は氷に覆われたが，凍結したのは海の表面の1000～2000mであり，その下の凍っていない海水の中で生物たちは生き延びていた．全球凍結の原因や，どのように解凍がすすんだのかはまだ明らかになってはいないが，大気中に蓄積した二酸化炭素などの温室効果ガスが地球をおおった氷を溶かしたのではないかと考えられている．そして古生代カンブリア紀に入り，氷の下で生き延びた生物たちは爆発的に進化，そして多様化した．「カンブリア爆発」である．全球凍結後の酸素濃度の上昇が，カンブリア爆発を引き起こした可能性が指摘されている．適応放散（第11章）により多くの仲間が誕生し，無脊椎動物たちの多様化がもたらされ，菌類や藻類も繁栄し，海の中はにぎやかで，個性あふれるカラフルな世界になった．それらはチャールズ・ウォルコットとその家族によってカナダで発見されたバージェス頁岩動物群や，中国で発見されたチェンジャン頁岩動物群に見てとれる．脊椎の起源となる脊索をもつピカイア，「奇妙なエビ」という意味の名をもち，当時生態系の頂点に君臨したアノマロカリスなどの生物たちが生きていた（図1）．その姿は，いまはみることはできないが，化石の中に生きていた証拠が残っており，これらの化石を用いた研究によって，この時期には，現在知られる動物門のほとんどすべてが出現していたと考えられている．

図1　ピカイア（左）とアノマロカリス（右）

　バージェス頁岩動物群の中で最大で最強の捕食者であったアノマロカリスは体長50～200cm，腹部の口の前に獲物を捕らえる一対の腕や体節をもち初期の節足動物にあたると考えられている．節足動物の繁栄はつづき，シルル紀には体長2mで現生のサソリに似た「ウミサソリ」が海の世界に君臨した．

　およそ5億4000年から4億9000年まで続いた古生代カンブリア紀には，無脊椎動物が繁栄しただけでなく，魚類も出現した．あるとき，海水よりも濃度が低い水中へと進出した動物がいた．その水は，海水や体液と比べて塩類濃度が低い

ため，動物は体内環境である体液と，外部環境である水の濃度の間に生じた浸透圧によりカルシウムやリン，ナトリウムなどが体外へ流出してしまう危機にさらされた．その危機に対抗して生き延びるため，カルシウムやリンを体内に確保する貯蔵庫をつくった……これが背骨の起源である．

　こうして海の中に，背骨をもった脊椎動物・魚類が誕生した．またやがて魚類が獲得した顎は，攻撃や防御において多くの恩恵をもたらし，魚類は繁栄，大型の節足動物は動物界の頂の座を受け渡した．重い外骨格をもたない体は，重力の影響がより大きい陸上生活にも適応し，生存範囲を広げた脊椎動物たちはやがて，陸地を踏み，空を飛び，そして地上を移動するようになる．

　地球上の生物たちはこれまでに，地球を取り巻く気候の変化や，隕石の衝突などによって絶滅の危機にさらされてきた．化石をたどると，もう会うことはできない地球の先輩たちから生物の歴史はつながっていることがわかる．こうして海の覇者が，無脊椎動物から，魚類へと変化していったなか，海の外ではオゾン層が形成され，植物が陸上へ進出し，環境にも大きな変化が起こっていた．

第4章 酸素と血の巡り——呼吸と循環

4-1 心臓ポンプと2つの道——血管，血液の循環

　私たちが生まれてから命を終えるまで，心臓は休むことなく動き続けている（図4-1）．ヒトが平均寿命まで生きるとすると，心臓の拍動回数は数十億回に達するという．それは，地球2.5周以上に匹敵する約10万kmもの身体中の血管網に，血液を送り込むためである．

　にぎり拳ほどの大きさのヒトの心臓は，成人では毎分4〜6Lもの血液を送り出している．起きているときも寝ているときも，休むことなく動き続けられるのは，心臓を構成する心筋に多くの大型のミトコンドリアが含まれているか

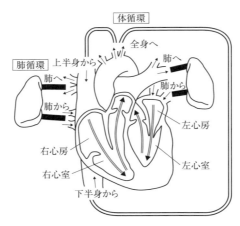

図4-1　心臓の形と血液の流れ

らである．1分間あたりの心臓の拍動回数を**心拍数**（HR），1回の拍動で送り出される血液量を **1回拍出量**（single cardiac output）という．運動中の1回拍出量の最大値（最大1回拍出量）は，安静時の約2倍（一般人：80〜120mL/回，長距離選手では200mL/回）にもなる．心拍数と1回拍出量を掛け合わせて求められる**心拍出量**（cardiac output）は1分間に心臓が拍出する血液量をさす．

ヒトの心臓は，4つの部屋からなる二心房二心室構造であり，心房から心室へ流れ込んだ血液は，心室の筋肉の収縮によって，心臓から送り出される．同じく哺乳類であるブタの心臓を観察してみると，その大部分は左心室の分厚い筋肉によって占められ，心房は心耳と表される通り，薄い耳のような形をしていることが見てとれる．左心室は厚い筋肉でできていて，力強い収縮により身体のすみずみまで血液を届けることができる．

運動中は，より多くの酸素を筋肉に届ける必要がある．左心室の内腔が拡大し，心筋が厚くなり，心拍出量が増量するよう変化した心臓をスポーツ心臓という．また，活動中の筋肉に優先的に血液を配分するため，運動中は腎臓や肝臓などの臓器に流れる血液は減少する（図4-2）．この血流配分の働きにより，強度の高い運動中には，骨格筋の血流量は安静時の約10倍に増え，内臓への血流量は安静時の1/2まで減少する．

私たちの安静時の心拍数（HRrest）は，通常，毎分60〜70拍程度であるが，持久トレーニングを極めたマラソン選手は驚くことに私たちの半分の毎分30拍しかない．座って安静にしているときに必要なエネルギーは，マラソン選手

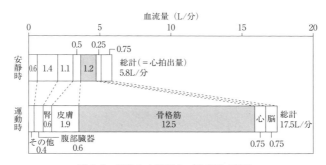

図4-2 運動と血流配分（佐藤他 1995）

でも私たちでもほぼ同じと考えてよい．したがって，マラソン選手の心拍数が私たちの半分ということは，マラソン選手の1回拍出量は私たちのほぼ2倍ということになる．ちなみに，一般人の最大運動時の心拍出量（最大心拍出量）は，安静時の約4倍（15〜20L/分）であるが，マラソン選手では安静時の6倍以上（25〜35L/分）になることもあり，トレーニングによる，ヒトの長期適応の可能性に感嘆させられる．心拍数は運動強度に比例して増加するが，運動強度を上げたにもかかわらず，最大心拍数（HRmax）はそれ以上増えない．最大心拍数は，20歳前後の青年期では200拍/分であるが，加齢とともに下がる傾向があることから，大まかな目安を，最大心拍数＝220−年齢という式から求めることができる．

血圧（blood pressure）のうち，収縮期血圧（いわゆる上値）は運動強度が高くなるにつれ増加する．一方の拡張期血圧（下値）は，運動強度が上がってもそれほど変化せず，むしろ拡張期血圧は低下することもある．これは多くの骨格筋内の血管が拡張して，血管抵抗が低下するためである．また，運動後は，収縮期・拡張期血圧がいずれも運動前の安静時よりも低下する傾向がある．これは，心臓から送り出される血液量が減少しているのに血管が拡張された状態が維持され，血管抵抗が低い状態が続くからで，この現象は運動後低血圧と呼ばれる．

心臓から出た血液は，身体各部を巡って心臓へ戻る**体循環**（body circulation）と，肺を経て心臓へ戻る**肺循環**（pulmonary circulation）という2つの経路を流れる（図4-1）．二心房二心室の心臓では，2つの循環経路が区別されているため，肺から戻ったばかりの酸素を多く含む血液（動脈血）と，全身から戻り二酸化炭素などを多く含む血液（静脈血）を効率よく運搬することができる．

心臓から送り出される血液の通る血管を動脈，心臓へ戻る血液の通る血管を静脈という．動脈壁の筋肉層では筋肉（平滑筋）が発達し，心臓から勢いよく送り出された血液による圧力に耐えることができる．また，動脈は弾力性があり，血圧の増減に応じて伸び縮みする．

一方，静脈では，動脈に比べて血管壁の筋肉層は薄く，弾力に乏しい．しかし，血管の内部のところどころに静脈弁が存在し，血液の逆流を防いでいる（図4-3）．腕や脚でとくに発達している静脈弁は，心臓へ向けて血液を一方通

行に流すために重要な役割を担っている．筋肉の運動によって生じる圧力と，弁の働きにより，血液を心臓へ戻す作用を**筋ポンプ作用**（muscle pumping action）という．筋ポンプ作用は運動時においてとくに大きな役割を果たし，立位の運動中では，血液循環のうち30%を下肢の筋ポンプ作用が担っているともいわれる．脚にも，第2の心臓と呼ばれるもう1つのポンプがあるといえる．

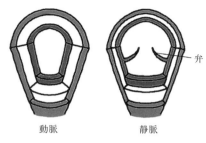

図 4-3 動脈，静脈の形

また，とくに脊椎動物にみられる，動脈と静脈をつなぐきわめて細い血管は**毛細血管**（blood capillaries）と呼ばれ，身体の各組織に網目状に分布している．毛細血管の血管壁に筋細胞はなく，ごく薄い一層の上皮細胞があるだけである．この構造ゆえ，毛細血管内と組織側との間での体液の移動が可能となる．血管壁を通して酸素や栄養分は組織の中に移動し，組織から二酸化炭素や老廃物が血管内に移動する．血液は，さまざまな物質を運びながら私たちの身体を巡っている．

4-2　身体の換気——肺の構造と呼吸

ヒトは酸素を体外から摂取して生きており，ほんの数分であっても呼吸が止まると，ヒトは生きていくことはできない．体外から呼吸器を通して酸素を体内に取り込み，二酸化炭素を排出するガス交換のことを外呼吸という．口や鼻から取り込まれた空気は，気管，気管支を通って左右2つに分かれた肺へ入り，肺から血液によって細胞や組織へと送られる．細胞や組織では，体液から酸素を受け取り，二酸化炭素は体液中に放出される．このガス交換を内呼吸と呼ぶ．細胞内で酸素を用いて有機物を分解し，得られたATP（第5章）が身体を動かすエネルギーとなる．

肺は，**肺胞**（alveolus）と呼ばれる小さな袋の集まりでできている（図4-4）．その肺胞1つ1つに空気が入り，肺全体が膨らむ．ごく小さな肺胞が多数集ま

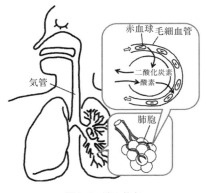

図 4-4　肺の換気

った肺は，効率よく表面積を確保することができ，数億個の肺胞を広げるとその表面積は，100㎡ 近くになるという．肺胞の周りには毛細血管が張り巡らされており，肺胞へたどり着いた酸素は，毛細血管内へ取り入れられる．酸素は，血液中の赤血球によって全身の細胞に運ばれる．赤血球中のヘモグロビンは，酸素の割合が多いところ（酸素分圧が高いところ）では酸素と結合し，逆に酸素の割合が少ないところ（酸素分圧が低いところ）では酸素と解離する性質がある．つまり，ヘモグロビンは，新鮮な空気を吸い込み酸素が豊富な状態の肺胞で酸素と結合し，酸化ヘモグロビンが身体を巡って酸素を必要としている細胞に酸素を受け渡す．細胞での呼吸の結果，生じた二酸化炭素は，血液によって運ばれて肺胞内に入り，最終的に口や鼻から呼気として体外へ排出される．

　もう少しくわしく酸素と二酸化酸素の移動についてみてみよう．口や鼻から入った空気は，気管支などを経て肺胞に達する．肺は，筋肉でできている心臓とは異なり，それ自身で膨らんだりしぼんだりすることはできない．胸郭の変動により，肺の中の空気の量は調節されるが，これは主に胸郭を拡張させる吸息筋と縮小させる呼息筋によって行われる（図 4-5）．2 つの筋肉をまとめて呼吸筋という．吸息は肋骨呼吸運動と，胸腔と腹腔を隔てる横隔膜の運動によって行われる．このとき肋骨は引き上げられ，横隔膜は下方向に引き下げられる．すると，胸腔の内圧が低くなり 1 つ 1 つの肺胞に空気が入り込む．

　一方，呼息は，安静時には吸息筋のリラックス（弛緩）によって自然になされるが，運動時には内肋間筋や腹直筋などが活動して二酸化炭素排出を促進する．従来，肺機能を評価する指標として，簡便に測定できる肺活量が用いられてきたが，この指標は身長など身体の大きさに関係し，運動能力とはほとんど関係ないことが明らかになっている．

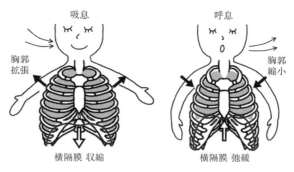

図 4-5　呼気と吸気の動き

4-3　大切な調節——運動中の呼吸と循環

　酸素や二酸化炭素を運搬する血液は，前述したように，主に心臓のポンプ作用によって送り出される．心臓のポンプ作用のリズム（律動）は心筋の収縮と弛緩のリズムを調節する洞房結節により調節される．洞房結節は右心房後壁にあり，脱分極と再分極を繰り返している．運動時の心拍数の増減は，自律神経系などの作用によって洞房結節の律動性が変化することによっていて，促進的に作用する交感神経と抑制的に作用する副交感神経によって心拍数が定まるのである．心拍数の上昇，血管の内径の増加，そして動脈血に含まれる酸素濃度と静脈血に含まれる酸素濃度の差（**動静脈酸素較差**，arteriovenous oxygen difference）の変化によって，運動強度の増加に対応している．

　肺におけるガス交換は，肺胞から毛細血管へ酸素が，毛細血管から肺胞へ二酸化炭素が拡散することにより，拡散は酸素と二酸化炭素のガス分圧の高低によって生じる現象である．筋肉における代謝では酸素がミトコンドリアに運ばれ，一部はミオグロビンと結合して筋肉内に貯蔵される．また，血液中の酸素の大部分はヘモグロビンと結合した形で存在する．

　持続的な運動を行うと，呼吸の量すなわち換気量が増える．呼吸の速さと深さを調節する換気調節は神経性調節と化学的調節に分けられ，神経性調節の中の末梢性因子には心臓，肺，筋肉に存在する機械受容器や圧受容器，代謝受容器からの入力などが考えられる．一方，化学的調節では酸素分圧や二酸化炭素

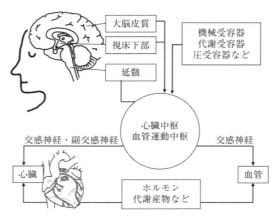

図 4-6　呼吸・循環系のコントロール

分圧，pH の変化が呼吸中枢に刺激を与える因子と考えられている．運動強度を徐々に上げていくと，中程度の強度までは1回換気量の増大により，それよりも高い強度になると呼吸数の上昇がみられる．この呼吸数が上昇する閾値は，乳酸性作業閾値（LT）と相関が高く，呼吸数から簡便に LT を推定する試みも行われている．LT を超えた強度では，運動に必要なエネルギーを有酸素性のみではまかなえず，無酸素性による血中乳酸，水素イオン，カリウムイオン濃度の増加が，換気量を増加させる．

4-4　運動を支える酸素──摂取と負債

　持久力の指標とされるものの1つに酸素摂取量がある．これは，1分間あたりに肺から体内に摂取される酸素量のことを指す．運動強度が上がり，活動筋の酸素需要が高まると，呼吸や心臓の拍動，血液循環が高まり，酸素摂取量が増加する．ジョギングのような中強度の運動では，運動に必要な酸素需要量と摂取している酸素摂取量がほぼ同値となり，これを**定常状態**（stady state）と呼ぶ．酸素摂取量は運動強度に比例して増加するが，ある強度を境にそれ以上増加しなくなる．このときの酸素摂取量を**最大酸素摂取量/分**（$\dot{V}O_2max$）といい，持久能力の主な指標とされている．

68　第4章　酸素と血の巡り──呼吸と循環

酸素摂取量＝心拍出量(mL/分)×動静脈酸素較差(mL/mL/:%)
　　　　　＝心拍数(回/分)×1回拍出量(mL/回)×動静脈酸素較差(mL/mL/:%)

　最大酸素摂取量は，①酸素を取り込む呼吸系，②取り込んだ酸素を活動筋へ運搬する循環系，③運搬された酸素を活動筋で使う酸素利用能という3要素の総合能力によって決まる．これらには，①呼吸筋の能力や酸素拡散能力，②最大心拍出量の増加，ヘモグロビン濃度の増加，③筋量や毛細血管の増加，筋内のミトコンドリアや有酸素性代謝酵素の活性化などが関係している．最大酸素摂取量は，これらの中でもとくに，活動筋に酸素を供給する血液の量，つまり心拍出量に大きく影響され，結果的にスポーツ心臓が現れると考えられる．最大酸素摂取量が得られるような全身を使う運動時には，呼吸数が安静時の4倍（50〜80回/分），1回換気量は約3倍（2.0〜2.5L/回），毎分換気量は15〜20倍（100〜150L/分）にも達する．

　運動を開始してから，実際の酸素摂取量がその運動に必要な**酸素需要量**（oxygen demand）に達して定常状態になるには，運動の強弱にかかわらず，時間がかかる．このときのエネルギー不足分は酸素借といい，無酸素性エネルギー共有によりまかなわれる（第5章）．酸素借は，運動強度が高くなるにつれて大きくなる．当然であるが，酸素借が大きくなるほど，無酸素性エネルギー供給への依存度が高まり，疲

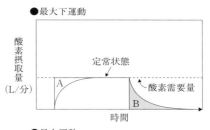
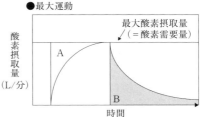
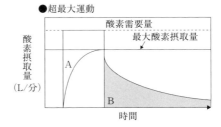

A：酸素借
B：運動後過剰酸素消費量
点線：酸素需要量のレベル

図 4-7　運動時の酸素摂取量と負債量
（春日・竹倉 2002）

労困憊に至る時間が短くなる（図4-7）．強度の高い運動の後ほど呼吸が強く大きく，つまり換気量が増えて，安静時よりも酸素摂取量の高い状態が続く．これを**酸素負債**（oxygen debt）という．運動後の酸素負債は，運動開始直後に酸素借として供給された無酸素性エネルギーを返済し，体内の回復を図るためのものである．この返済分に加えて，体温上昇やホルモンの増加による代謝亢進なども関係するため，酸素借≒酸素負債ではなく，酸素負債のほうが大きいこと（酸素借＜酸素負債）が明らかになっている．すなわち，酸素借は無酸素性代謝により，酸素摂取量と酸素負債は有酸素性代謝によって補われているといえる．

　酸素借の最大値を「最大酸素借」という．この変数はスプリント走のような短時間の無酸素性の指標になることから，半世紀前はよく測定されていた．測定方法は，2〜3分で疲労困憊に至るような最大酸素摂取量の120〜130%の強度の運動を行って測定するという，とても負荷の高いものである．最大酸素借は基本的に活動筋量の大きさに依存し，瞬発系トレーニングで向上するが持久的なトレーニングでは向上しないことがわかっている．

4-5　持久力向上法──エアロビックトレーニング

　適度な強度（% HRmax）・時間・頻度を組み合わせる持久的トレーニングを行うと，数週から数カ月で，体内への酸素取り込みと運搬能力が向上する．一般人のトレーニングとしては，60〜80% HRmax・30〜40分持続・3〜4回／週というプログラムが推奨されている．この効果として最大酸素摂取量が増加するが，それには主に呼吸・循環系の適応が関連している．

　持久トレーニングによって，安静時の呼吸数や1回換気量，肺活量は変化しないが，運動時の1回拍出量は増加する．しかし，運動時の心拍数が減少するために，それらの積である毎分心拍出量は一定に保たれる．この1回拍出量の増加には，心臓の左心室の内腔が拡大する心肥大（いわゆるスポーツ心臓）が寄与している．心拍数の減少は心臓における副交感神経の活動の亢進が関係している．その結果として，マラソン選手の安静時心拍数は，毎分30拍程度に下がるのである．

さて，持久トレーニングの効果として呼吸筋が強くなるため，最大運動中では換気量が増加し，1回拍出量が著しく増大する．1回拍出量の増大には，心臓の左心室内腔の拡大に加えて左心室の大きな収縮力が貢献しており，この心拍出量の増加は，最大酸素摂取量の増加の主な原因となっている．長期の持久トレーニングによって同一強度での心拍数が低下するが，これは肥大した心筋が効率的に血液を送り出すための適応であり，心拍数の減少があっても1回拍出量が著しく増加するので，最大運動中の毎分心拍出量は増加する．

　また，持久トレーニングによって，活動筋へ血液を供給する毛細血管の密度が増加し，さらに動脈と静脈の周囲径も太くなる．この適応によって，活動筋への血流抵抗が低下し，多くの血液を容易に送ることができるようになる．そして，これらの適応は血圧の低下を誘発する．持久トレーニングが高血圧の改善に有効なのは，これらの血管の適応が関係しているからといえる．

■コラム　引き込み現象の活用

　私たちの祖先は，身体を動かして，生活のために狩猟や農耕を行い，生命を維持し続けてきた．身体を動かすときには，農耕歌や牧歌であれ効果音のようなリズムであれ，必ず音楽が付随している．動きと音楽との関係は，音楽によって身体の動きをスムーズにし，また逆に身体の動きによって音楽を発展させるという相互効果がある．これを「**引き込み現象**（entrainment）」という．

　私たちの生活環境は，何百年もの間，生命維持のために必ず運動があった社会から，ここ数十年は科学技術の発展により，階段からエスカレーター，洗濯板から洗濯機のように身体活動をあまり行わなくても生活できる環境に劇的に変化した．換言すれば，人類が初めて体験する社会環境になったといえる．その結果として発生してきた運動不足による生活習慣病やメタボリック症候群の予防のために，教養として運動を推奨する流れがある．

　この教養としての運動の最も身近な手段は，ウォーキングやジョギングである．この移動運動で，たとえば走るテンポ（ピッチ）の異なる2人が並んでジョギングしていると，徐々にピッチが一致してくる引き込み現象がある．これを音楽によってリードする，つまり音楽を用いたテンポの引き込み現象を活用すると，同じ距離や時間をジョギングしても，主観的運動強度（RPE）が10％程度減少するという研究報告がある．すなわち，音楽を聴きながら運動すると「楽に」できるのである．これをサポートするグッズに，図1，2のような筆者が提案したものがある．

図1　BODiBEAT　　　　**図2**　爽快ランニングプログラムCD

■コラム　内臓たちのチームワーク——体内環境の維持

　全速力で走った後にかく汗は，身体の熱を逃がし，体内の温度が上昇しすぎるのを防ぐという大切な役割を果たしている．私たちの身体は，**恒常性**（homeostasis）により，運動しているときも安静にしているときも，体温や体液の濃度などからなる体内環境はほぼ一定の範囲内に保たれている（図1）．

　自律神経系は間脳視床下部の支配を受け，恒常性の維持に大きな役割を果たす．自律神経系は交感神経と副交感神経からなり，2つの神経は，だいたいにおいて拮抗的に作用する（表1）．

　自律神経系は，内分泌系とともに体内環境を調整している．内分泌系では，脳の指令をもとにつくられた内分泌物質であるホルモンが，内分泌腺から血液中へ分泌され全身を巡る．目的となる器官（標的器官）の標的細胞には，特定のホルモンと特異的に結合する受容体が存在し，それぞれ特定のホルモンを受容する．これらのはたらきなどによって，私たちの血糖値や体温などがつねに調節されている．

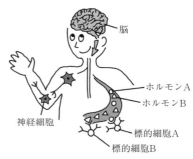

図1　体内環境の維持機構

表1　交感神経と副交感神経の働き

交感神経		副交感神経
促進	心臓（拍動）	抑制
上昇	血圧	下降
拡大	気管・気管支	縮小
促進（粘液性）	だ腺（だ液分泌）	促進（しょう液性）
拡大	瞳孔	縮小
収縮	血管	—
収縮	立毛筋	—
促進	汗腺（汗の分泌）	—
抑制	消化管（ぜん動）	促進
抑制	ぼうこう（排尿）	促進

■コラム　体はちくわ!?──消化吸収とワクチン

　少し目線を広げてみると，私たちの身体の体内環境は，皮膚という仕切りで体外環境と区切られた，1つの世界ともいえるだろう．ヒトがエネルギーを獲得するため，外の世界から取り入れた，たとえば，鮭おにぎりは，口という門を通って，消化系の内臓や消化液などの働きにより分解される．細かくみるとまず，だ液中のアミラーゼという酵素により米が分解される．食道を進み，続く胃ではおにぎりの具の鮭が胃液に含まれるペプシン，脂質はすい液に含まれるリパーゼの作用を受ける（図1）．グルコースやアミノ酸は，小腸の壁に密集した絨毛から毛細血管に，脂肪酸とモノグリセリドはリンパ管に吸収される．大腸では水分が身体の中に吸収され，吸収されなかった残りのものは，大便として肛門から排出される．つまり，口から始まり肛門から排出されるまで，その通り道である消化管は身体を貫く体外環境といえる．

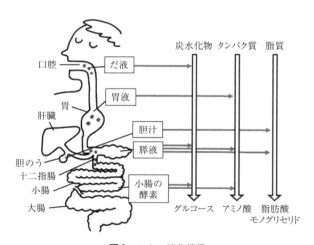

図1　ヒトの消化機構

　ヒトは消化管で食べ物を効率よく消化するため，生体内での化学反応を促進する触媒となる酵素をもっている．消化に関係する消化酵素には，デンプンを分解するアミラーゼ，タンパク質を分解するペプシン，脂質を分解するリパーゼなどがある．消化のみならず，ヒトの身体の至るところで起こる化学反応は酵素の活

躍に支えられている.

　体外環境には，身体によい影響を与えるものもあれば，害を及ぼすものもある．体外環境から細菌などが入らないように見張っている第一防御ラインともいえるのが皮膚や粘膜である．皮膚は体外環境と体内環境を区分けする初めの仕切りであり，粘膜は物質を吸収する機能をもちながら，異物は排除するという一見相反する複雑な働きをもち合わせている.

　有害物が粘膜を突破し体内に侵入すると，白血球の攻撃を受ける．1869 年，ミーシャーは，病院からもってきた包帯に付着した膿を観察し，核酸を発見したが，膿は死んだ白血球の集まりである．体外環境の有害なものから自分を守るこの防衛機能を**免疫**（immunity）と呼ぶ.

　世の中の多くの病気から私たちを守るワクチン療法は，この免疫反応を応用して行われている．始まりは，感染率も，致死率も高い感染病である天然痘の脅威に，人々がさらされていた時代にさかのぼる．医師であったジェンナーは，牛の乳絞りをする婦人が天然痘に感染しないことに気づいた．牛がかかる痘瘡で，人も感染するが軽症でおさまる牛痘にヒントがあるのではないかと考えたジェンナーは，牛痘の水泡から液体を取り出して少年に接種した．しばらくたって少年に天然痘を接種したところ，少年は天然痘に感染しなかったのだ．こうして，無毒化，弱毒化した病原体や毒素を接種し，免疫を記憶させるワクチン療法が生まれた．Vaccine（ワクチン）は，研究に貢献した牛と，乳絞りの婦人に敬意を表し，ラテン語で牛を表す Vacca から名づけられた．より多くの人のもとに届くよう，ジェンナーがあえて特許申請をしなかったこのワクチンによって，世界の多くの人の命が救われた.

コラム　体はちくわ!?──消化吸収とワクチン　　75

第5章 継続の極意──生命と運動

5-1 エネルギーの通貨──ATPと筋収縮

　私たちの身体にはさまざまな，驚くほどに精密で優れた機能が備わっている（図5-1）．たとえば，走っているときについて考えてみると，汗は肌の上で水分を蒸発させて熱を放出し，体温が過剰に上昇するのを防ぐ役割をする（気化熱）．不随意に身体を調整する自律神経系や，体液濃度を一定に保つ腎臓，さまざまな化学反応を行う肝臓など，身体の中では実に多くの器官や神経，運動器が協調して働き，身体をサポートしている．

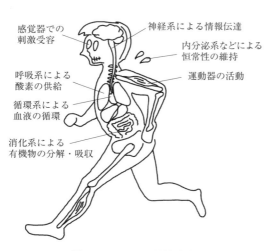

図5-1 ヒトの運動持続機構

　日常生活ではとくに意識しない呼吸・循環系の働きは，トレーニングという観点に立つととくに重要になる．この系の働きを理解していれば，持久的トレーニングに際して，身体の中のどの要素にどのように働きかけると効果的かが，自ずと明らかになる．逆にこの呼吸・循環系や**エネルギー供給機構**（energy supply

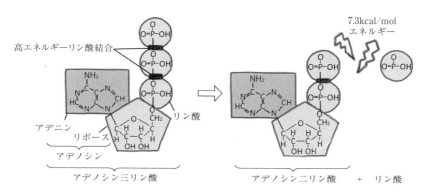

図 5-2 ATP 分解によるエネルギーの生成

mechanism) についての知識や理解が不足していれば，トレーニングはただ身体を疲れさせるものになり，その効果は疑わしいものになってしまう．前章の呼吸・循環系とあわせて考えてみよう．

では，身体を動かすエネルギーはどこから来るのだろう．口から取り入れた食物は消化され，有機物が小腸で吸収されると，代謝によって化学的エネルギーが取り出される．こうして得られた化学的エネルギーが筋肉を収縮させる．

生体内では物質の合成や分解にともない，つねにエネルギーが出入りしている．エネルギーの受け渡しを担うアデノシン三リン酸（ATP）は，「エネルギーの通貨」とも呼ばれ，アデノシンに3つのリン酸（Pi）が結合した構造をしている．リン酸同士をつなぐ高エネルギーリン酸結合には，莫大な化学エネルギーが蓄えられている．**加水分解**（hydrolysis）によりリン酸が切り離される（ATP → ADP+Pi）とき，結合間の化学エネルギーが7.3kcal/mol放出される（図5-2）．私たちヒトが食物を消化したり，身体を構成するタンパク質を作り出したりといった生命活動を支えているのはATPである．そして，ダイナミックな動きを生み出す骨格筋の筋収縮もATPの分解によって引き起こされる．

5-2　エネルギーの作り方── ATP 再合成の経路

ヒトの身体で，エネルギーの通貨となるATP．このATPは身体の中に多

くを蓄えておくことはできず，またすぐに枯渇してしまうが，ヒトの身体は驚くべきことに無意識に，そして巧みに ATP の再生産方法を使い分けている．スポーツ競技では，種目それぞれに試合時間，競技内容，ポジションなど，強度や時間の特性がある．短時間に大きな力を出すいわゆる瞬発力が求められる競技やポジション，反対に長い時間活動し続ける持久力が求められるもの，さらにそれらが組み合わさって構成されるものなど，対応すべき状況は幅広く，動き続けるためには運動中に ATP を作り続ける必要がある．ヒトは，大きく分けて 3 つの ATP の再生産方法をもっている．

① ATP-クレアチンリン酸（ATP-CP）系

短時間で大きなパワー発揮を必要とする状況では，ATP-クレアチンリン酸系が重要となる．高エネルギーリン酸化合物である**クレアチンリン酸**（creatine phosphate）が，クレアチンとリン酸に分解される際に放出されるエネルギーによって，酸素を必要とせずとも，単位時間あたり最も多くそして速く ATP を再生産することができる．しかし，あらかじめ筋肉中に蓄えられているクレアチンリン酸は数秒分しかないため，この方法が選択されるのは 50m 走や，サッカーのゴールキーパーのジャンプ，テニスのスウィングなど数秒以内の運動に限られる．

② 解糖系（乳酸系）

400m 走や，格闘技など数十秒にわたって高いパワーを発揮する場合には，解糖系と呼ばれる代謝方法により ATP を再生産する．解糖系では酸素を必要とせず，グルコースなどの**糖**（sugeriness）を用いて ATP を再生産することができる．単位時間あたりの ATP 生産量は ATP-クレアチンリン酸系よりは少ないが，多くの場面でこの代謝が行われる．この反応を利用し続けるため，生産されたピルビン酸は**乳酸**（lactic acid）へ変換される．乳酸の一部は，筋肉や肝臓に蓄えられ，糖を生成する原料になる．また，中間代謝物としてミトコンドリアでの呼吸に利用される．スポーツの場面では，長らく乳酸は疲労物質ととらえられてきたが，呼吸の中間代謝物であり後に続く反応の材料，すなわちエネルギー源ともいえるのである．最近の東京大学の八田秀雄教授を中心とし

78　第 5 章　継続の極意——生命と運動

た研究から，乳酸もエネルギー産生に関わっていて，疲労物質ではないことが認知されている．

③ 有酸素系

比較的低強度での運動を長時間にわたって継続して行う際には，ミトコンドリアにおいて酸素を用いてATPが再生産される．この代謝経路を有酸素系と呼ぶ．グルコースや脂肪などの有機物は，それぞれピルビン酸，遊離脂肪酸に分解され，ミトコンドリアの中に取り込まれる．それらはアセチルCoAに変換され，**TCA回路**（tricarboxylic acid cycle），電子伝達系を経てATP再生産に関与する．単位時間あたりのATP生産量はATP-クレアチンリン酸系，解糖系に比べて少ないが，運動強度が比較的低く，酸素が十分に細胞に供給されるマラソンなどにおいて，長時間のエネルギー供給を可能としている．

以上のように，ヒトの身体は状況に合わせて代謝経路を使い分けながら，ATPを作り出す（図5-3）．ATPの再合成にはスポーツの場面において力を発揮する秘密が，隠されているのである．

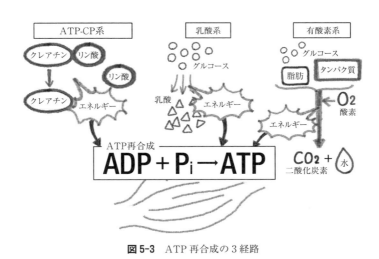

図5-3 ATP再合成の3経路

5-3　エネルギーの流れ──エネルギー変換器

　エネルギーは不意に消失したり，生じたりすることはなく，新たなエネルギーの出入りがなければ総量はつねに一定のまま維持される（エネルギー保存則）．この法則は，エネルギー形態が変換されるときでも成り立つ．言い換えると，人体におけるエネルギーの増減にはつねに理由があり，その増減理由を理解しておくと，人体で起きるエネルギーの流れ（エネルギーフロー）を把握できるようになる．ここでは，身体活動中のエネルギー動態の概略について説明する．

①　化学的エネルギーから力学的エネルギーへの変換

　筋肉や筋肉内のミトコンドリアにおいて行われるエネルギー代謝の過程では，前節で述べたように，糖や脂質を用いて得られた化学的エネルギーを利用してATPを再合成する．ATPは化学的に高いエネルギー状態をもつ化学物質であり，加水分解される際に大きなエネルギーを放出する．筋肉はアクチン・ミオシンフィラメントにおいて，このエネルギーを利用して張力を発揮する．そして，力発揮によって，骨を動かすことで外部に対して力学的仕事を行い，最終的に身体の力学的エネルギーの増減に寄与する．つまり，糖や脂質の**化学的エネルギー**（chemical energy）は，筋肉によって**力学的エネルギー**（mechanical energy）に変換される．力学的エネルギーに変換されなかった化学的エネルギーは熱エネルギーに変わり，体温維持などに利用されつつ，最終的には体外に放出される．

　筋肉は身体の動力（エンジン）と呼ばれることが多いが，エネルギーの観点から見た場合は化学的エネルギーから力学的エネルギーへの「エネルギー変換器」といえる（図5-4）．この変換効率は筋線維タイプや筋肉の収縮条件により変化するものの，短縮性収縮において20％程度である．ただし，反動を用いる運動では腱の伸縮による弾性エネルギーの貢献が大きく，縄跳びのような連続ホッピングでは60％にも達する（第8章参照）．なお，等尺性収縮では力学的仕事がなされないため変換効率は0％となり，伸張性収縮時は仕事が負となるため効率もマイナスの値となる．

80　　第5章　継続の極意──生命と運動

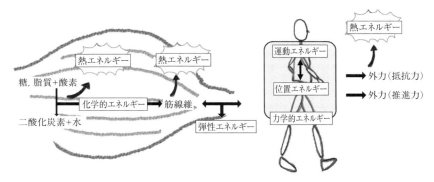

図 5-4　ヒトのエネルギー変換

② エネルギーフローの向き

　筋肉は化学的エネルギーを力学的エネルギーに変換する．しかし，逆方向（力学的エネルギー→化学的エネルギー）の変換機構や熱エネルギーを再利用する機構を人体は備えていない．ちなみに，自動車はガソリンによる駆動によって車体を移動させるだけでなく，バッテリーの充電も行うことができる．人間の場合，いったん変換された化学的エネルギーは，最終的には熱エネルギーとして放出されるか，外の物体に移動する以外に道はない．図ではエネルギーの流れを矢印で示しているが，化学的エネルギー，熱エネルギーの矢印が一方向であるのは，上述の理由により逆向きの流れが起きないことを示している．また，筋肉については身体の力学的エネルギーを増大させる役割（エンジンの役割）に注目しがちである．しかしながら，図内の「力学的エネルギー→筋線維→熱エネルギー」の流れ（筋肉の伸張性収縮時の流れ）のように，力学的エネルギーを体外に逃がす役割（ブレーキの役割）も見逃してはならない．

5-4　地獄の HIIT ――インターバルトレーニング

　持久力を向上させるために，これまでさまざまな方法が提案されてきた．低強度で長時間運動の **LSD** トレーニングは，LT を向上させるといわれている．ただし，LSD トレーニングを行うだけでは競技会の長距離走の速いスピードに

ついていけないので，競技会前に速いスピードで長い距離を走り抜ける「レペティション／ペース」トレーニングが必要になる．一方，これらの一定ペースで走り続けるトレーニングに対して，高強度と低強度を繰り返し行う「インターバルトレーニング」がある．考案したのは，1952年のヘルシンキ五輪で長距離三冠を達成したエミール・ザトペックである．また，近年，短時間でより高い強度を繰り返す**高強度インターバルトレーニング**（HIIT: High Intensity Interval Training）が注目を集めている．

　HIIT で最も有名な方法は，日本発の TABATA Protocol である．この TABATA 法は，最大酸素摂取量の170％強度で20秒間の全力自転車漕ぎを，10秒の完全休息を挟んで7セット行うというものである（図5-5）．なお，より厳密にいうと，高強度運動の間に軽い運動を入れる場合をインターバルトレーニング，運動の間を完全休息する場合を間欠的（intermittent）トレーニングと呼び，区別することができる．したがって TABATA 法は，正確には高強度間欠的トレーニングということになる．

　さて，このタイプのトレーニングは高強度とその間の低強度の運動の組み合

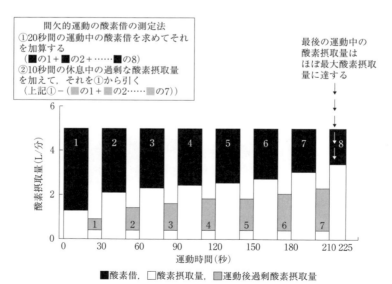

図 5-5　高強度間欠的トレーニングの例（田畑 2013）

わせが多数あり，さまざまな組み合わせで研究が進んでいる．たとえば，HIIT と従来の持久トレーニングとを比較した研究では，両方とも最大酸素摂取量とミトコンドリア活性を増加させたが，HIIT は少ないトレーニング量と短い時間で十分な効果が得られ，費用対効果の高い方法として提案されている．さらに，HIIT の効果として，安静時の筋グリコーゲン量の増加，運動時のグリコーゲン利用および乳酸生成の低下，脂質酸化の増加，末梢の血管の構造や機能の向上，そして運動パフォーマンスの向上などが観察されている．

TABATA 法は元々，冬季五輪でメダルをねらう一流スピードスケート選手の競技力向上のために考案された方法で，20 秒全力×7 セットのトレーニングを試したことのある人は理解できると思うが，負荷がきわめてきつく疲労困憊になる．インターネット上で「地獄の TABATA 法」といわれる所以である．それでも，欧米でフィットネスに関心のある人たちは，持久力もパフォーマンスも高めることができると信じて TABATA 法に挑戦しているという．この効果については，開発した田畑泉博士がエビデンスに基づいた検証の必要性を指摘している．

5-5　疲労軽減の鍵——乳酸？

陸上競技の五輪や世界選手権などの競技会で，日本選手の成績が奮わないと，脱水症状や，少し前だと乳酸の蓄積など，原因を 1 つにまとめて説明されることが多かった．しかし，筋疲労を生じさせる原因は実に多岐にわたっている．もちろん，短距離走や長距離走など，運動強度や持続時間が異なれば，疲労の原因も異なってくる．ここでは，疲労についてみていく．

筋肉が収縮する仕組みの確認から始めよう．筋肉では細胞内液に**カリウム**（potassium）が多く，細胞外液に少ない．一方，**ナトリウム**（sodium）は細胞外液に多く，細胞内液に少ない．この筋肉に，神経細胞の軸索の末端から刺激が到達すると，**シナプス小胞**（synaptic vesicle）から**アセチルコリン**（acetylcholine）が放出される．アセチルコリンは筋細胞表面の受容器を開き，ナトリウムイオンが筋細胞内に流入する．すると，興奮電位が発生して，筋小胞体からカルシウムイオンが筋細胞質へ放出される．これによって，アクチンフィラメントと

ミオシンフィラメントが結合してミオシンフィラメントが活性化され，ATP分解によって生じるエネルギーでミオシンヘッドが屈曲して，アクチンフィラメントがミオシンフィラメントの間へ滑り込む．これが筋収縮のメカニズムである．

　強度の高い運動を続けると，カリウムを筋内に入れ，ナトリウムを筋外に出すというプロセスが追いつかなくなり，筋収縮の能率が悪くなる（図5-6）．その結果，筋力が低下することになる．また，筋収縮のエネルギー源であるATPは蓄えておくことができないので，ATPを再合成し続けなければ運動を持続することはできない．ATP再合成で最初に対応するATP-CP系では，クレアチンリン酸を分解することで対処する．ここで産生されたリン酸はカルシウムに付く性質があり，これが筋疲労を引き起こす原因の1つになる．続く解糖系における糖は，運動の最も大きなエネルギー源であり，運動の長時間の継続には，グリコーゲンの形で蓄えられている糖をできるだけ効率的に使うことが重要になる．

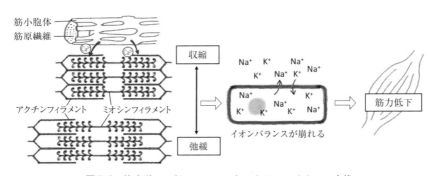

図5-6　筋疲労の一部：カリウムとナトリウムイオンの交換

　これらのクレアチンリン酸や糖をどのくらい体内に貯蔵させられるかが，疲労を軽減させる鍵となる．運動で疲労した後には，体重1kgあたり5〜7gの糖を摂る必要があるが，摂取のタイミングとしては身体内で合成が高まる運動直後が適時であるとされている．また，運動直前に糖を摂取するとインスリンが分泌されて逆に低血糖になる可能性がある．

筋肉内で代謝を執り行うミトコンドリアを増やすことは疲労対処の観点から重要である．ミトコンドリアの増加により，クレアチンリン酸の回復が早まるからである．このミトコンドリアは持久的トレーニングで増加するが，前節で指摘したHIITでも高まることが報告されている．高強度運動では乳酸が産出されるが，乳酸がミトコンドリアを増加させる一因となるからである．

　細胞に酸素が十分に供給されるとき，細胞内のミトコンドリアでは，グルコースなどの有機物を分解してATPを作り出している．ミトコンドリアは2重の膜からなり，内膜は内部に突出し，クリステと呼ばれるひだを多数形成している（図5-7）．取り入れられたグルコースはまず，細胞の細胞質基質においてピルビン酸に分解され，同時に少量のATPが生産される．この解糖系では，酸素を必要としない．その後ピルビン酸は，ミトコンドリア内に取り入れられ，アセチルCoAに変換されたのちTCA回路に進み，二酸化炭素にまで分解される．この際にATPと水素が生成される．この水素が，続く電子伝達系において，酸素とともに酸化還元反応を引き起こし，水とエネルギーを作り出す．このエネルギーを使いADPとリン酸から多くのATPを生成する．これらの反応を酸化的リン酸化という．酸素を用いて効率よくATPを生産することができるミトコンドリアは，1つの細胞に数百〜数千個存在するといわれ，心臓の細

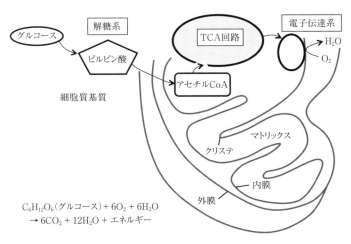

図 5-7 ミトコンドリア内での反応

5-5 疲労軽減の鍵——乳酸？

胞など継続的にエネルギーを多く作り出す必要のある細胞にはとくに多く含まれる.

★進化豆知識　生きるためのチームワーク——細胞共生説

　酸素は，私たちヒトが生きていくためには欠かせない物質である．私たちと酸素の関わりは，数十億年前にまでさかのぼる．宇宙の中で太陽系の惑星の1つとして誕生した地球は当初，小さな惑星が次々に衝突する熱でどろどろに溶けた状態（マグマオーシャン）だった．やがてマグマオーシャンが冷え，地球の周りの水蒸気が温度の低下により水の粒となり，雨となって地球に降り注いだ．数千万年もの間降り注いだ雨によって，地球に海ができあがったのはおよそ43億年前．そして地球に初めて生命が誕生したのは，40億年前のこの海の中．私たち生物はみな，この共通の祖先から進化していまに至っている．

　初めに誕生した生物は，海水に溶け込んだ有機物を栄養としてATPを得て，深海で生活していたようである．しかし徐々に栄養分が不足していった海の中で，新しい方法でエネルギー源である有機物を作り出した生物が現れた．約27億年前に誕生し，地球の磁場が弱くなったことで海面近くに移動してきたシアノバクテリアは，当時地球を取り囲んでいた二酸化炭素，水，太陽の光を利用して，有機物を作り出すことに成功した．シアノバクテリアによる光合成は，水を使うことでその環境の中にある化学物質への依存を少なくすることができ，後の生物の進化に大きな影響を与えた．また光合成の際，廃棄物として酸素が排出された．この偶然作り出された酸素もまた，生物と地球の歴史にとって重要な存在となった．

　やがて海の中の酸素が豊富になったおよそ20億年前，酸素を利用して有機物からATPを得る生物が現れた．好気性細菌である．この生物は，酸素を用いて有機物を水と二酸化炭素に分解することができ，効率よくエネルギーを獲得することができた．

　そして生物たちの中に，生きるためのチームワークが生まれる．あるとき，原始的な真核細胞が好気性細菌を飲み込み，体の中に取り込んだ．やがて好気性細菌はミトコンドリアとなり，細胞内でエネルギーを作り出すこととなった．さらに，光合成の能力をもつシアノバクテリアも真核細胞に飲み込まれ，やがて葉緑体となった．このような現象を細胞内共生という．これらの生物たちの関係は，互いに協力しながら，よりよく生きていくチームワークとも見える．このような共生関係が生まれ，葉緑体とミトコンドリアの両方を持ち合わせ，光合成のできるものが植物細胞，葉緑体をもたずミトコンドリアのみをもつものが動物細胞となったのである．

　このような共生は，真核生物の活動や進化を大きく後押しし，多細胞生物の誕

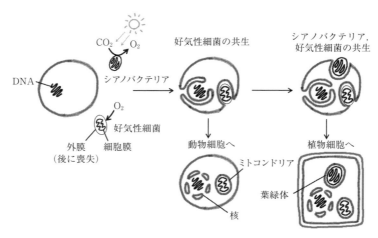

図1 細胞内共生説

生にもつながったと考えられている．こうして植物細胞からなる植物に，動物細胞からなる動物へと進化し，さらに生物たちは，多種多様な生物へと進化を遂げてきた．

　シアノバクテリアが誕生したとされる約27億年前から，生物は太陽の恵みを受けて生きてきた．葉緑体は太陽光の光エネルギーを，光合成により有機物中の化学エネルギーに変換する．植物は，有機物を自分でつくることができる．植物のように有機物の摂取を必要としない生物を「独立栄養生物」という．対して動物は，有機物を自ら生産することはできないため，植物などが生産した有機物を摂取する「従属栄養生物」である．私たち動物は，他の生物に依存して生きている．太陽から降り注ぐ光エネルギーはさまざまな形に変換されながら，いまもこの地球を巡っているのである．

■コラム　あるトライアル——富士登山の科学

　私たちの研究室は，富士山が世界遺産に認定される前の2012年夏に富士登山を実行した．富士山の五合目（富士宮口）まではバスで上り，山荘で夕食を摂って仮眠．朝3時の真っ暗な中，カンテラで行く道を照らしながら出発した．途中で朝日を拝み，朝日に照らされた富士山が後ろの雲に影を映す（図1）のをみながら，踏破していった．標高3000mを超えると，息も切れてきて，とくに急な岩場は手も使う，いわゆる四つ足で登り続けた．高山病なのか，へとへとになりながら，富士山火口までたどり着いた．すると，私たちの登山ルートとは逆側の静岡県側の絶景（図2）をみることができた．朝は晴れていても午後には天候が崩れることが多いという富士山は，私たちに優しく，登りも下りも晴天であった．

　この富士山踏破をエネルギー換算してみよう．私たちは，五合目の海抜2380mから山頂3776mまで標高差1396mを5時間半で踏破した．筆者の体重80kgwをもち上げる機械的仕事は80（kgw）×1396（m）×g（重力加速度）＝1094kJ（261kcal）となる．機械的効率（20%）を考慮すると，消費エネルギーは1306kcal（ハンバーガー5個分に相当），平均パワーは66W（60Wの蛍光灯を5時間半灯火）と計算できる．ただ，目にした絶景への感嘆，登頂の満足感は仕事量とエネルギー消費量という客観的評価の何倍もあった．

図1　雲に富士山の影

図2　静岡県側を背景に山頂にて

Ⅱ
スポーツとバイオメカニクス

第6章　魚のように泳ぎたい──水中での運動

6-1　水の世界──陸上との相違

　最近の日本の夏は猛暑である．このようなときに，海やプールで泳ぐのは最高の気分である．海の水や，陸上の空気など，一定の形をもたない物質を**流体**（fluid）という．流体である水で満たされた海中や川の中などの水中でヒトは陸上とは異なる力を利用して移動する．地球上の物体は，重力によって地球の中心に向かって引きつけられるが，水中ではその物体の体積や密度によってそれぞれに浮力が働く．浮力とは，その物体に作用する鉛直上向きの力である．プールの中で身体を沈めようとしても，じきに浮き上がってしまうのは，浮力によって押し上げられるからである．

　また，水や空気には**粘性**（viscosity）がある．粘性は，文字の通り，粘り気をもっている物質の性質のことを指す．水は粘性があるため，水中の物体に力が加わると隣接する水分子も連なって動く．こうしてつくられた水の流れが後ろ向きの場合，反作用によりヒトは前方へ移動する．また，水中で身体を動かすと水の抵抗が発生する．身体各部に加わる水の抵抗は，身体各部がもつ速度の2乗に比例して大きくなる．つまり，水中で速く動こうとすると非常に大きな力が必要な反面，ゆっくりした動きであればわずかな力で身体を移動させることができるのである．

　水中にある身体は水圧を受ける．水圧は水中にある身体の表面に垂直に，身体を押しつぶすように働く．水圧は深さに比例して大きくなり，水面上の空気の圧力は1気圧で，水面付近では水圧もほぼ同じであるが，水深が10mにな

ると2倍の2気圧になる．水中にある身体が受ける水圧をすべて合算した力が浮力となる．**浮力**（buoyancy）は水圧に比例し，同じ深さのところでは両者は同じ大きさで逆向きに働くため打ち消し合う．結果，上下方向の圧力成分だけが残り，下から上向きの圧力のほうが逆向きの圧力よりも大きいので浮力が発生する．浮力が働く点を浮心という．浮心の位置と浮力の大きさは水中での姿勢と，水中にある身体の部分の体積によって変化する．

水中で静止しているとき，身体には重力と浮力が働く（図6-1）．身体の浮き沈みは，この2つの力のバランスによって決まるが，重心と浮心が1つの鉛直線上にない場合，モーメントが働いて両者が鉛直線上にくるまで身体は回転する．

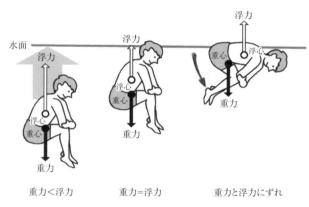

図6-1 水中における重力と浮力

6-2 自然な対応——水中での生理応答

陸上と異なる水中という環境において，水圧，姿勢，温度などに対応してヒトの身体ではさまざまな生理応答がみられる．まず，水中の運動では，姿勢と水圧の影響を受ける．胸が水中にある場合，水圧に逆らって呼吸しなければならないため，胸郭を広げる呼吸筋が陸上よりも強く働く．また，泳ぐ場合にはストロークのリズムに合わせて呼吸する必要があり，陸上のように自由に呼吸

することができない.

　泳ぐとき，身体は水平に近い状態に保たれる．この姿勢では，心臓と下肢が
ほぼ同じ高さに位置するため，立位姿勢に比べると下肢からの静脈還流が多く
なり，心臓のポンプ作用による1回拍出量は増加する．この静脈還流の増加に
より，同じ強度の運動を水中で行った場合と，陸上で行った場合との心拍数を
比べると，水中では心拍数は減少する.

　また，河川やプールなど体温よりも低い温度の水に入った場合，水の高い熱
伝導率により身体から熱が奪われ，体温が低下する．水中でも運動すると体温
が上昇するが，その上昇は陸上での運動に比べて小さいものである．このよう
に，水中運動時の身体にはより多くの生理応答が起こる．それらを利用するこ
とで，競泳としてだけでなく，健康づくりにも役立つことが多く報告されてい
る.

　次に，身体の浸水時の生理応答についてみてみよう．血圧は，心拍出量（1
回拍出量×心拍数）と末梢血管抵抗によって決まる．陸上において立ち上がっ
て抗重力姿勢をとることで血圧が下がると，動脈内の圧受容器が抑制され交感
神経が優位となり，心拍数が増えると同時に血管が収縮し，末梢血管抵抗を増
やして血圧を上げるという循環調節能力が働く．一方，水中に入ると心拍数と
血圧が低下するが，浸水部にかかる水圧の影響によって，下肢筋肉の脱酸素ヘ
モグロビンが減少して胸郭への静脈還流が増大し，心拍出量を増加させること
で心拍数を低くする．この静脈還流は血管を拡張させ，末梢血管抵抗が低下し
て，血圧を下げることになる．このような適応は，浸水時に生じる生体特有の
ものである.

　また，運動後の身体回復に関して，心臓の1回拍出量と心拍出量をみると，
陸上よりも水中にあるときのほうが早くなる．これは，末梢血液循環量を増加
させた結果とみることができるが，浸水は心臓の交感神経活動を抑制し，副交
感神経活動を亢進させることによると考えられている.

　水中では，触圧覚や温覚などの複数の体性感覚情報の入力が増大する．脳神
経活動にともなう酸素ヘモグロビン濃度の変化から神経活動を評価する近赤外
線分光法（fNIRS: functional Near Infra-red Spectroscopy）を用いてみると，水
による体性感覚入力の増加は，一次体性感覚野や頭頂連合野といった感覚情

処理に関する脳領域だけではなく、補足運動野や一次運動野といった運動の発現に関与する脳領域の酸素ヘモグロビン濃度を上昇させることが明らかになったという。これは、水による触圧覚入力によって感覚運動野の神経活動が高まったと解釈できる。また、感覚入力に対する神経活動を電気的に評価する体性感覚誘発電位（SEPs: Somatosensory Evoked Potentials）を用いて、頭頂部の誘発電位をみると、水中では陸上よりも有意に減弱する。これは、浸水によって体性感覚入力に対する情報処理が変化することを示すものである。以上のように、浸水は、求心性入力を生み、一次体性感覚野を中心とした感覚関連領野の興奮性を変化させるという生理学的特徴がある。

6-3 沈んだり浮いたり——水泳の物理的特徴

身体の浮沈は重力と浮力のバランスによって決まり、真水であれば浮力は身体の体積と同体積の水の重さに匹敵する。同体積の水の重さに対する身体（物質）の重さを**比重**（specific gravity, 物体の密度／水の密度）という。比重が1よりも大きければ沈み、小さければ浮く。身体を構成する骨、筋肉、脂肪などはそれぞれ比重が異なり、最も重い骨は比重2程度、筋肉は比重1よりもわずかに大きく、脂肪は比重1よりもわずかに小さい。これを利用して、身体全体の密度を測定して、身体全体の脂肪量を推定する方法が水中体重秤量法である（第10章参照）。

水のような流体の中で身体を動かすと、流体から力を受けるが、それを流体力という。流体力は流体の密度に比例し、水の密度は空気に比べて約800倍と大きい。そのため、流体力は水中の運動にきわめて大きな影響力をもつ。流体の中を進む身体には、移動速度の2乗に比例する力が移動方向とは逆向きに働く。この流体力を水の抵抗と呼ぶ。

$$水の抵抗 = \frac{1}{2} \rho \, CDSv^2$$

なお、ρは水の密度、CDは抗力係数、Sは投射面積、vは水に対する移動速度を表す。CDやSは、水中での姿勢に依存し、流線形はこれらの変数を下げるので、水泳選手は肩の柔軟性を高めて流線形をとることを目指している。

水中で身体に加わる流体力は，移動方向に平行・逆向きの抵抗と，垂直成分の揚力に分けることができる（図6-2）．**揚力**（lift force）は，液体や気体といった流体の中におかれた物体に働く力のうち，流れの方向に垂直な成分のことをいう．揚力も，抵抗と同様に，移動速度の2乗に比例して大きくなる．

$$揚力 = \frac{1}{2} \rho \, CLSv^2$$

　なお，CL は揚力係数で，物体の形や迎え角（物体の長軸と移動方向のなす角）に依存する．

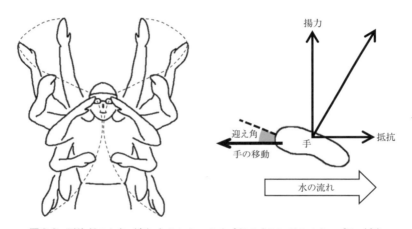

図6-2 平泳ぎのかき（左）とシンクロナイズドスイミングのメカニズム（右）

6-4　泳ぎの仕組み——競泳の科学

　ヒトは魚類と異なり水中で呼吸することができず，またペンギンなどのように，生まれながらに泳ぐことはできない．ヒトは後天的に学習することによって泳ぐことができるようになる．泳ぐ，つまり水中で移動するためには，水の抵抗を利用し，また逆に逆らわなければならない．水の抵抗に打ち勝って泳ぐためには，移動方向に平行で前向きの力，推進力が必要である．**推進力**（driving force）は，水の抵抗を利用するものと揚力を利用するものに分けられる．

各競泳種目におけるストロークやキックによる推進力には，抵抗と揚力の両方が含まれている．クロールや背泳ぎのプル動作では，抵抗による推進力が主となり，キックによる推進力は小さい．一方，平泳ぎはキックによる推進力が大きく，プルでは揚力成分が大きい泳法になる．
　それでは，競泳の花形種目であるクロールの泳ぎのメカニズムをみてみよう．クロールは，腕を大きく回転させる動きと，バタ足と呼ばれる足の動きで構成されている．この2つの動作が組み合わさり，水中というヒトにとって特殊な環境で，世界のトップ選手は秒速約 2.1m もの速さで身体を移動させていることになる．また，泳速度は，ストローク（1 かきあたりに進む距離）（m／回）とピッチ（単位時間あたりのストロークの回数）の関係で表される．

　　　　　　泳速度＝ストローク（m／回）×ピッチ（回／秒）

　クロールを分解して，泳ぐ仕組みをみてみよう（図6-3）．まず，腕を大きく前から後ろへ回転させながら，自分の前の水を大きく後ろへ押し出している．こうして後方へ押し出された水の流れの反作用により，身体は前に進む推進力を得る．バタ足の大きな役割は，水面の水を下方向に押し，その反作用として身体を浮き上がらせる揚力を獲得することである．主に，腕によって作り出された水の流れの作用によって，水中で効率よく滑らかに進むことができる．
　また，平泳ぎを習うなら，最良の教師はカエルであるが，カエル足と呼ばれる後ろ脚のキックで水を後方へ押し出す平泳ぎは，その反力で一気に前に進むことができる．そのときのスピードは，クロールが進むスピードよりも速いが，

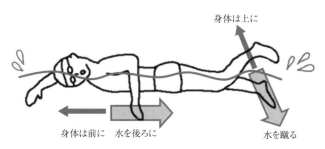

図 6-3　競泳クロールのメカニズム

6-4　泳ぎの仕組み——競泳の科学　　97

平泳ぎはクロールとは異なり，息継ぎのときに泳速度が低下するため，キック時と息継ぎ時で泳速度に緩急がみられる．平泳ぎの息継ぎにともなう失速の理由は水に接する面の大きさにある．

水は，粘性の大きな物質である．大きな粘性があるゆえ，物体の移動には抵抗がともなう（**粘性抵抗**（viscous resistance））．この粘性抵抗（R）は，

$$R = \frac{1}{2} \rho\, CSv^2$$

と表される．ここで，ρ は流体の密度，C は抵抗係数（物体の形状），S は投射断面積（物体の投影面積），v は速度である．物体が進む速度（v）が速くなればなるほど，物体が受ける粘性抵抗は大きくなる．

平泳ぎでは，息継ぎのために腕と脚を抱え込む姿勢になるため，進行方向からみた身体の投影面積が大きくなる（図6-4）．このため，大きな粘性抵抗が生じて減速するのである．瞬間的な泳速度は，クロールよりも平泳ぎのほうが大きいが，平均速度はクロールのほうが大きいのはこのためである．

図 6-4　競泳と水抵抗

移動の際，物体の周りに生まれた水の乱れは，やがて物体の後ろに集まり，乱流（水の流れの乱れ）が生じ，物体を進行方向と逆向きに引っ張るように作用する．この乱流や粘性抵抗を減らすために，水泳界では，さまざまなアイディアが水着に活かされている．また，身体を締め付ける水着は，投影面積を小さくし，粘性抵抗を減らすことができるといわれている．ヒトが地球上で運動するとき，物理法則が必ず作用する．つまり，洗練された動きをさらに高める方法は，スポーツ科学を用いた解析から知りうることができ，その結果はよりよいスポーツ用具の開発にも応用されている．

さらに，水中で速く進むには，体を流線形に近づけることが大切である．目

指すは，水に自然になじんで気持ちよさそうに泳ぐ魚である．

■コラム　水になじむ流線形——魚類の泳ぎのメカニクス

　魚たちが，海や川を自由に滑らかに泳ぐ秘密は，魚たちの身体のひれにある．鮮魚店で1尾の魚を買ったら，まな板の上でひれを広げてみよう．背中にカーテンのように畳まれた背びれは，水の中で泳いでいるとき大きく広がる様子を想像できるだろう．胸びれの付け根をみると，動かせる範囲が大きいことがわかる．一般的に，魚類の体には5種類のひれがあり，それぞれが役割を担い，ひれで水を押して流れをつくり，その反力で水中を進む．

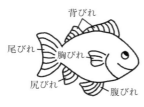

図1　魚のひれ

① 背びれ：身体の正中線上にある．体の左右へのぶれや，スピードをコントロールする．
② 胸びれ：左右一対ある．体のぶれをコントロールし，左右方向の進行を司る．
③ 腹びれ：左右一対ある．泳ぎにブレーキをかけたり，体のぶれをコントロールする．
④ 尻びれ：1枚のみ．泳ぎの舵をとる．
⑤ 尾びれ：前進する力を生み出す．

　身体の外に突き出ているひれは，体内の筋肉につながっており，筋肉の活動によって動く．敵に襲われたり獲物を追いかけたり，スピードを上げて泳ぐとき，ひれを畳んで収納する．すると体は流線形に近づき，進行方向に対して投影面積の少ない形となり，水の粘性抵抗が減少するため泳ぎのスピードが上がる．魚は，まさに泳ぎのプロである．魚の体の形や大きさ，各ひれの形状は，魚の種類ごとに異なる．脂びれをもつ魚，平べったい魚，丸く膨らんだ魚，長細い魚，……魚たちはそれぞれ多様な体をもち，海の中を泳いでいる．

　もしも，魚の世界でもオリンピックが開かれるとしたら……遊び心をもって，魚の泳ぎについて考えてみたい．選手として選ばれたのは，カレイ，マグロ，トビウオの3種である．ひれの付き方や，身体の構造，筋線維の性質などのプロフィールをみてみると，彼らの泳ぎの特徴を考えることができる．

　マグロ：赤身の魚（つまり遅筋を多くもつ）として私たちの食生活において身近なマグロは，ブーメランのような尾びれで前進する力を獲得し，海の中を悠々と泳ぎ回る回遊魚である．マグロの体は泳ぎに有利な形をしているうえに，高速で泳ぐときは第一背びれ，胸びれ，腹びれをたたみ，さらに流線形に近づく．背びれ，腹びれそれぞれと尾びれの間につく小離鰭は，生み出された水流の流れを

整える役目をもつ．赤身の魚はミオグロビンが豊富な遅筋線維を多くもつ．血液中に酸素が十分に供給されるため，長距離移動に適しており，遠洋漁業で収穫される魚に多い．マグロは泳ぎの中で口に入り込む水から酸素を得るため，泳ぎ続けなければならない．

トビウオ：名前の通り，空を飛ぶ魚である．正しくは，「滑空する」と表

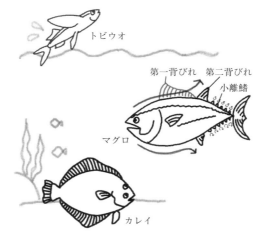

図2 さまざまな魚の形

現されるトビウオの動きは，尾びれで作り出される．V字の形の尾びれは下のほうが長くなっていて，尾びれの下部で水面をたたき空中へ飛び出す．大きく広がる長い胸びれは，飛行機の翼のような役目をし，そのひれで風に乗る．直線的な背中は空気抵抗を受けにくく，海の上を約100〜200mほど，飛行することもある．高さは海面から10mほどに達することもあるという．

カレイ：成長するにつれて体の形を変えていく魚であり，稚魚のときは，眼は一対が左右対称につき，前を向いて泳ぐが，成長にともなって左側の眼が，背びれの前で頭頂を横切って右側へ移動する．こうして体の右側に2つの眼をもったカレイは，海底に横たわるようにして生活する近海魚である．海底で生活し，獲物の登場を待ちわび，瞬発的に獲物に跳びかかる．カレイなどの白身の魚は，速筋線維を多くもち，瞬発力に優れている．眼から情報を脳に伝える視神経は，眼の移動により，ねじれている．カレイとよく似た体型のヒラメは，2つの眼をからだの左側にもつ．移動する眼が定まっていないボウズガレイ科もいる．

さて，これらの特徴から勝負の予測はつくだろうか？　長距離レースではマグロが，水面からの高さを競う高跳びではトビウオが，短距離レースではカレイがいい活躍をしてくれそうである．

第7章　前へ進もう──陸上での運動

7-1　ロコモーション──移動こそが動物の特徴

　小さなミドリムシ（学名：ユーグレナ）は，植物と動物の両方の特徴をもつ藻類の一種である．葉緑体をもつこの生物は，**光合成**（photosynthesis）を行い，太陽光と水と二酸化炭素から有機物をつくることができる．バイオ燃料を作り出すミドリムシはエネルギー危機を救済する切り札として，近年とくに注目されている．また，ミドリムシは動物としての性質ももち合わせ，べん毛を用いて泳ぎ，細胞の形を変えることで移動することができる．

　このミドリムシのように，植物と動物の両方の性質を兼ね備えた生物はきわめて稀である．すなわち，ほとんどの生物は，植物か動物に分けられる．植物は，光合成によって得られる葉の面積あたりのエネルギーが限られていて，動物のように活動するほどのエネルギーは得られない．一方の動物は，広い範囲を移動して植物が固定した化学エネルギーをできるだけ多く（言葉は悪いが）かき集めて摂取し，確保することによって動くことができるのである．ヒトが動くときの骨格筋の機械的効率（エネルギー消費量あたりの機械的仕事）は，筋肉の短縮性活動の場合でも高々20％程度である．これは消費したエネルギーの5分の1しか仕事に変換できないということを意味するが，それでも動物は自由に動くことができるのである．

　このように，移動できることが動物の特徴といえるが，その手段や動作はさまざまである．ヒトは生まれてから約1年して立ち上がり，その後，歩行動作を開始する．物を取りにいったり，散歩をしたり，左右の足を動かして行う

「歩行」は，ヒトの一般的な移動手段である．第1章で説明した通り，「歩こう」という指令を出すのは脳である．脳から出発した指令が，神経を伝い，運動器である筋肉を収縮させて身体を動かす．歩行動作は主に下肢の筋活動をともないながら作り出され，脚を振り出し身体に引きつける，地面を蹴って身体を押し出す，身体重心の移動につられて前に倒れるのを防ぐなど，複数の筋肉が協力して活動する（この動作の自動化については次節で説明）．さらには，歩行動作中には，左右のバランスをとる腕，身体をまっすぐに直立に保つ脊柱起立筋や広背筋などが働く．歩行は下肢の筋肉だけでなく全身の筋肉を使うダイナミックな動作である．

歩行動作は，脚の動きに合わせて2つの局面に分けられる（図7-1）．1つは足が地面に接地している立脚相と，もう1つは足が地面から離れている遊脚相である．右脚の一歩を細かくみてみよう．右の踵が地面に着いた状態を右踵接地という．身体が前方へ移動すると，やがてつま先が地面に着く，さらに前方へ身体が動くと踵が地面から離れる踵離地，つま先の最後の接地点が地面から離れたときを離地と呼ぶ．

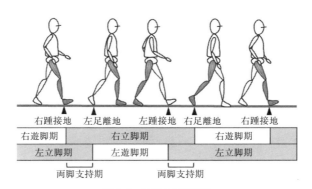

図7-1 歩行の局面分類
足が地面に接地している局面を立脚期，足が地面から離れている局面を游脚期という．

一歩とは，たとえば右足の踵が接地してから，次に繰り出される左足の踵が接地するまでの一連の動作を指し，一歩により移動した距離を歩幅という．次の一歩，つまり，右足の踵（同側の踵）がもう一度接地したとき，一歩目の始

めからここまでの動作を重複歩といい，この間の一連の動作を歩行周期と呼ぶ．時間あたりの歩数は，歩行率（ケイデンス）として表される．

7-2　自動動作の不思議——脊髄神経回路の貢献

「歩こう」という運動スイッチには大脳皮質が関わっていて，さらにそれは運動の修正や視覚などの感覚との協調にも貢献している．そして，歩行が開始されると，私たちはとくに手足の動きを意識することなく，半ば自動的に歩行を遂行することができる．この歩行における体肢の自律的かつ非対照的な運動出力を可能にしているのは，中枢神経系の中でも下位の脊髄や脳幹に基本的なリズムを発現する神経回路が存在し，出力を生成し修正するメカニズムが備わっているからである．歩行に限らず，箸を使うなど学習により高度にパターン化された運動は，運動遂行に関わる中枢が中枢神経系のより下位の階層へと移行していく．歩行は高度に自動化された運動であり，運動出力の発現には脊髄が大きく貢献している．

ネコやイヌのように高次の脳機能をもたない下等動物でも移動運動を実現していることを考えると，歩行は脊髄レベルで制御されていることが理解できる．脊髄に内在する**中枢パターン発生器**（CPG: Central Pattern Generator）は，上位中枢と脊髄運動ニューロンの中間に位置し（図7-2），周期的な脊髄運動ニューロンの出力を，歩行の基本となる屈伸を司る筋肉へ伝えている．そして，複数の脊髄介在ニューロンの回路網の相互作用によって，パターン化された歩行が具現化されるのである．CPGは，感覚入力や上位中枢からの神経指令なしに周期的な運動パターンを生成する神経回路網と定義される．

歩行運動の制御には，CPGに加え

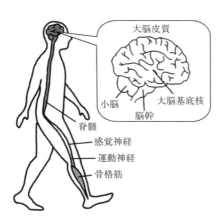

図 7-2　自動運動：CPGの不思議

て感覚情報が重要な役割を果たしている．とくに，筋紡錘からの感覚情報の貢献は大きく，歩行中に絶えず変化する筋肉の長さと張力を感知し，脊髄のみならず上位中枢に末梢の状況が伝達され，運動制御のための情報として活用されている．歩行に関わる多数の関節の中で，股関節の動作とそれにともなう感覚情報は CPG の活動に大きく影響する．たとえば，立脚期後半に股関節が伸展する際の筋紡錘からの求心性入力は，遊脚期への位相転移を担う股関節屈筋群の活動を起こす．また，ゴルジ腱器官は筋収縮や荷重に応答する力学的受容器であり，立脚 – 遊脚サイクルに応じた荷重情報を検知して，立脚期に屈筋群を抑制することで歩行のリズム形成に大きく貢献している．

　以上のように，歩行運動の基本的なパターンは脊髄で生成されるが，歩行運動の発現に関わる神経制御機構は脳幹レベルにも存在する．**中脳歩行誘発野**（MLR: Mesencephalic Locomotor Region）は，上位中枢からの指令に基づいて歩行の始動・終了を決定し，歩行運動出力を引き起こすための情報を与えている．

　また，歩行運動に限らず，小脳は随意動作を円滑に行う上できわめて重要である．小脳は，主に大脳皮質からの神経指令と動作の結果生じた感覚情報を比較・照合し，運動出力の調節や修正の役割を果たしている．歩行運動中には，歩行誘発野からの情報と四肢からの感覚フィードバック情報を受け取り，体肢間協調や位相などをオンラインで制御していると考えられている．小脳に障害を負うと体肢の協調動作が損なわれ，動作が遅くぎこちなくなる．さらに，大脳基底核は脳の中心部近傍に位置する複数の神経核の総称で，運動の制御にきわめて重要である．基底核からの出力は既述の脳幹の中脳歩行誘発野に直接投射され，歩行運動の発現や筋緊張の調節などの役割を担っている．

7-3　効率よく歩く──歩行のバイオメカニクス

　歩行中のヒトの身体では，身体重心が上下し，さらに 2 本の脚に交互に体重を乗せるため左右にも振れる．ヒトの歩行は，後述の倒立振り子モデルで表されるように，動作中の不安定性を利用して，スムーズで安定した動きを可能としている．しかし，身体重心のブレが必要以上に大きいと，歩行の効率が下がるため，下肢や体幹部が働いて動きを補正している．たとえば，右脚の踵接地

時には，反対の左骨盤を下げて過度な身体重心の上下動を防いでいる．また歩行中に，下肢では段階的に衝撃が吸収されている．踵接地時の着地の衝撃は踵で吸収され，足関節の動きによって足底接地に向かうスピードはコントロールされ，その後，膝関節の伸展筋肉群の活動により，膝関節の角度が調整される．脊柱もその湾曲と，椎骨の間の椎間板が衝撃の吸収に関与している．

　骨盤と体幹上部の動きに着目すると，両者は逆向きに回旋していることがわかる．互いの回転運動を打ち消して身体のバランスを保ち，頭の位置を安定させることが，スムーズな歩行につながっている．脚を踏み出すと，脚とは逆側の腕が前方へ振られ，この動きは体幹上部の回旋運動を促すものであるが，腕の動きを制限した場合でも，肩関節は歩行に合わせて動くことがわかっている．

　また歩行は，外部から働く力，たとえば，重力や，身体に作用する力学的エネルギーを巧みに利用して遂行される．ヒトの歩行は，しばしば振り子を逆さにした**倒立振り子**（inverted pendulum）モデルを用いて説明される（図7-3）．振り子は，位置エネルギーと運動エネルギーの変換を繰り返して，止まることなく連続して動く．歩行動作を細かくみてみると，まず右脚を一歩踏み出し，身体が進行方向へ移動するとき，鉛直方向上向きにもち上がった身体重心は位置エネルギーを獲得する．次に，続けて振り出した左脚につられて，身体がさらに進行方向へ移動すると，先ほど獲得した位置エネルギーは運動エネルギーに変換される．変換の際，生じたエネルギーの損失は筋活動によって補われ，身体は前方へ進む．柱時計の振り子のように，エネルギーの獲得と変換を繰り返し，左右交互に繰り出される脚によって，ヒトの身体は前進していく．

　ヒトの歩行には，エネルギー消費量が最も少なくなる歩行速度（経済速度あるいは至適速度という）があり，毎分75〜78mと報告されている（図7-4）．この速度は，自然に楽に歩く速度に近く，それより速くても遅くてもエネルギー消費量が増える．スピードが毎分120〜130mを超えると，走ったほうがエネルギー消費量が

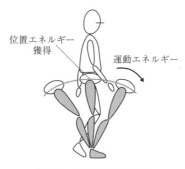

図7-3 歩行の振り子効率

少なくなる．平地の歩行の体重あたりの酸素摂取量（mL/kg/分）は，安静時酸素摂取量（3.5mL/kg/分）+ 0.1×歩行速度（m/分）となる．たとえば，体重 60kgw の人が 70m/分の速度で 30 分間歩いた場合（2.1km），酸素摂取量は 18.9L，エネルギー消費量は約 95kcal となる．

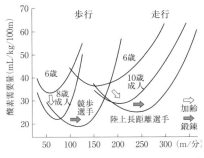

図 7-4　歩・走のスピードとエネルギー消費量（後藤 1983 を改変）

7-4　スプリント走——歩行と走行の相違

「走る」という動作を身につける際，ヒトが最初に覚えることはジャンプした後に両脚もしくは片脚で地面に「着地する（落ちる）」という動作である．言い換えれば，走行は，まず着地を覚えることからスタートする．着地では，主働筋が引き伸ばされつつも，強い力でブレーキをかけて止めようとする「伸張性収縮」の働きが起こる．この着地後に踏み切る動作を行うと，その反動（バネ効果による踏み切り）によって身体が空中に浮く．これが左右交互に繰り返されることによって走動作が完成する．

歩行と走行は，両脚支持相があるかどうかで区別される．人間の典型的な移動運動（ロコモーション）の1つである走行は，基礎的な歩行の延長にあるダイナミックな運動といえる．この走運動は，もともと人類が狩猟生活を営み，獲物をできるだけ速く追う，あるいは逆に身に迫る危険から素早く逃げる動作として形成され発達してきた．ただ，ヒトの走運動は他の動物と少し異なり，多くの動物の走運動は，駆け足（トロッティング）から疾走に移るときには，非対称の跳躍に近いギャロップとなる（図7-5）．

これに対してヒトの場合は，歩行から走行というダイナミックな移動運動に移っても，あくまでも左右交互動作という対称型の運動様式が崩れることはない．進化人類学の研究によると，獣型爬虫類の子孫である原始哺乳類からのロコモーションを「平地への適応」と「樹上への適応」とに分類できるという．

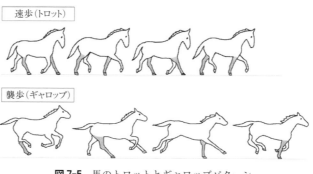

図 7-5 馬のトロットとギャロップパターン

ヒトはこの両方の適応を併せもつといわれているが，走運動はこの中の平地への適応であり，その過程においてヒトでは抗重力型の体幹と下肢が発達してきた．

歩行時の垂直地面反力は体重の1倍程度で，一定の腰の高さを保っている．一方，走行時の地面反力は歩行より総じて大きく，全力疾走時には体重の5倍にも達する．これは空中局面を有する走行で，移動しながら身体重心の位置を一定の高さに保つために生じるものである．

歩行では，ヒトは踵から着地する．走行の着地では，個人差はあるものの，走スピードの上昇にしたがって，踵ではなく前足部（指の付け根）で着地するようになる．前足部で着地することは，ストライド（歩幅）を長くし，速度の増大に貢献する．

ヒト以外の動物の歩行・走行における速度と着地に着目すると，クマはヒトと同様に，歩行時は踵から着地する（図7-6）．このように踵から着地する動物の移動様式を蹠行性という．対して，ウマなどのように地面との接触面積の少ない指先で着地する移動様式を指行性という．競馬で活躍するウマは，大きな地面反力を利用して速く走ることができるが，体重や衝撃を指先1本で受けるため，指を守るために指先を大きな爪で保護している．これが蹄である．捕食者の脅威から逃れるため，草食動物たちはより敏捷に動ける身体を獲得した．その1つが，地面との接地面を小さくし，蹄を獲得した足部であり，指行性という戦略をとったと考えられている（ライオンのような捕食者は獲物を引っ掻く

108　第7章　前へ進もう──陸上での運動

ため，鋭い爪をもつ）．ウマの仲間の多くは，生まれて1時間としないうちに自力で立ち上がり，歩き始める．肉食動物の脅威にさらされている草食動物の子供たちの生き延びるための術である．

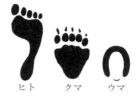

図 7-6 さまざまな動物の足跡

7-5 バネで走れ！──弾性エネルギーの活用

　走行は，身体全体を使うダイナミックな動きである．呼吸や血液の循環など代謝は活発になり，また姿勢は歩行と比べて前傾が強まる傾向がある．

　走行中の下肢筋肉と下肢三関節についてみてみると，スピードの鍵は股関節にあるといえる（図7-7）．走行動作にみられる大腿をスウィングさせて引き上げる動きは，股関節の屈曲によるものである．股関節を屈曲させる筋肉は，主に腸腰筋，大腿直筋であり，身体の前面に位置する．腸腰筋は，小腰筋・大腰筋・腸骨筋をまとめた総称で，脊柱や骨盤と大腿骨をつなぎ，股関節の屈曲や内旋の運動に関わる．大腿直筋もまた，股関節をまたぐように骨盤と膝関節に付着する（図7-8）．これらの筋肉が収縮すると，体幹部と大腿が引き寄せられ股関節の屈曲が起こる．接地に向かう動きでは，股関節を伸展させる筋肉群が活動し，大腿部は下がり，脚は伸びていく．この局面においては，大臀筋や，股関節と膝関節をまたぐ大腿二頭筋を含むハムストリングスなど身体の裏側に

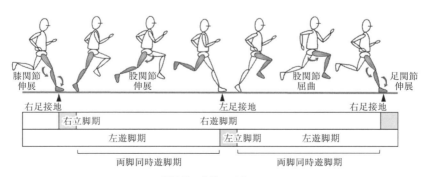

図 7-7 走行のパターン

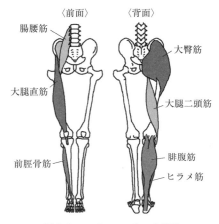

図 7-8　スプリント走の主働筋

ある筋肉が働き，股関節伸展筋群により生み出された力は，この後の地面を蹴りだす力につながる．支持期において膝関節を適切な角度に維持するのは，外側広筋などの活動によって生み出される伸展の力である．足関節では接地期において，腓腹筋・ヒラメ筋が生み出す底屈筋力により，強いキックが生み出され身体は前に押し出される．

以上のようなバイオメカニクスの研究は，遊脚期にある脚が次の一歩を踏むために脚を前へ振り上げる動作と，大臀筋やハムストリングスにより脚全体を振り戻す動作，つまり脚全体のスウィング動作の素早さが走行の鍵であることを示す．従来，「大腿を高く上げる」という指導がよく行われているが，その本質は股関節を素早く引き上げることにあったのだと理解し直さなければならない．

7-6　スプリント走の鍵——速く走るためのドリル

オリンピックの一流選手たちは，100mを10秒足らずで駆け抜ける．走スピードは，ストライドと単位時間あたりのピッチによって表される．

走スピード（m/秒）＝ストライド（m/歩）×ピッチ（歩/秒）

たとえば，100mを9.58秒で走りきった選手がいたとする（2017年時点の世界記録）．このときの歩数が41歩とすると，平均ストライドは 100（m）÷41（歩）＝約2.44（m/歩，中間疾走時はさらに長くなる），平均ピッチは 41歩÷9.58秒＝約4.28（歩/秒）と計算される．この関係から，走スピードの向上には，ストライドの長さ，ピッチの回数が鍵となることがわかる．100mのレースは，走スピードが増加する加速期，上昇したスピードを維持する最高スピー

ド維持期，レースの終わりに近づき減速する減速期で構成される．世界の舞台で活躍する選手たちは，ストライドとピッチの変化のパターンに工夫を加え，バランスをとりながら，より速い走スピードの実現を探求している．

　スプリント種目において，世界で活躍する日本人選手をサポートするために，多くの日本の科学者たちが研究に取り組んできた．1991年東京世界選手権から続く，スプリンターの動作解析，つまり疾走中の下肢三関節のトルク（回転力）解析によって，以下①〜③のように股関節を中心にしたスウィング動作が，より速い走りを作り出すことが明らかになった．①地面をキックした後に脚を前にもっていく振り出し（≒巻き込み）局面：膝・足関節は空中でリラックスしていてトルク発揮がない．そして，股関節が大きな屈曲トルクを発揮し，素早く屈曲すれば，リラックスした膝は自然に屈曲して下腿が巻き込まれる．外部からみると，脚がムチのように前に運ばれているようにみえる．②脚を前から降り戻してキックする局面：接地中の脚は，膝と足関節をほぼ固定し（屈伸せずに），股関節の伸展トルク発揮によって身体を前方へ移動させる．

　歴代の世界トップ選手は，みた目の特徴が多少違っても走りの本質（①と②）は共通している．選手本人が意識しているか否か，自然にできたのかどうかといった習得過程は別にして，トップ選手の走りを集約すると，この股関節を中心としたスウィング動作になる．これは「こうしなければ速く走れない」という，トップ選手になるために科学が示した必要条件といえる．

　ただ，理屈がわかっても簡単に理想の動作を具現できるわけではない．そのために筆者は，練習によって自然に理想の動作に近づくことのできるいくつかのドリルを提示した．つまり，動きづくりである．加えて，目指す動作が具体的に示されたことで，トレーニングで意識して鍛えるべき筋肉も明らかになった．①振り出しの主働筋は腸腰筋，②振り戻しの主働筋は大臀筋とハムストリングスである．そして，股関節周りの屈伸筋力が同じならば，脚の末端である下腿は細く余分な重量が少ないほうが有利となる．つまり，スプリンターの理想の身体とは，体幹が筋肉のかたまりのようで，脚の付け根が太く，先にいくほど棒のように細い，サラブレッドのような体型であると表現できる．

　この理想の動作を習得するためにはさまざまな手法があるが，ここでは速く走るための3つの代表的なドリルを紹介する（図7-9）．それぞれのドリルが，

走行動作における重要な要素の習得に役立つ.

図 7-9 スプリント向上ドリル．①スキップ，②競歩，③フライングスプリット

① スキップドリル

　脚全体をムチのように振り出す動きを習得するドリル．2回ステップを行う間に，股関節の屈曲によって脚をムチのように前に振り出す．

② 競歩ドリル

　膝を伸ばしたまま，できるだけ速く歩くドリル．膝関節の屈伸を使わず，股関節の動きのみで地面を蹴る動作を習得する．

③ フライングスプリット

　内転筋を強化するドリル．脚を前後に開いた状態から真上にジャンプし，空中で脚を交差させて着地する．注意点は，着地中の腰の下降から上昇への切り替え，つまり反動動作を素早く行うことである．

7-7　9秒台への挑戦──科学と技芸の共存

　以前，速く走るためには「モモを高く！」という指導が一般に行われていた．それは，連続写真の静止画による位置情報に基づいたものであったが，それでは速く走れないことが近年のバイオメカニクス研究で明らかになった．

　そもそも，ダイナミックな身体運動では，ヒトは「モモの高さ」といった「位置」情報ではなく，「力（≒加速度）」によって動作を作り上げる．スプリント走のような周期運動では位置と加速度が逆位相（2回の微分・積分で，そ

れぞれ sin と – sin の関係）になり，タイミングが正反対になる．これは素早い動作ほど顕著なので，「どこまでモモを上げるか」といった位置を目標とする練習ではタイミングがずれてしまうのである．選手とコーチの現場では，力の入れ具合を「筋感覚」という言葉で表すが，バイオメカニクスの解析による「関節トルク（回転力）」は，この筋感覚と同次元の客観的データである．つまり，速いスプリンターの下肢三関節の発揮トルクパターンがわかれば，その情報を目標にして，筋感覚をコントロールすればよいということになるのである．

たとえば，100m を 10 秒 05 から 9 秒 95 に更新するのは 1%のスピード増加である．この増加のためには（関節の部位にもよるが）関節トルク 2%・関節パワー 4%の増加が必要と推定できる（各変数の割合が異なることに注意）．スポーツは「科学と芸術の共存」というのが筆者の持論であるが，この科学によるシミュレーション結果を現場の選手とコーチがいかに芸術として仕上げるか，ということになる．

次に，世界記録と日本記録を比較してみよう．世界記録（9 秒 58）保持者のボルト選手は身長 1.96m・体重 94kg，ピッチ毎秒 4.28 歩・ストライド 2.44m．一方，日本人初の 9 秒台を達成した桐生祥秀選手（9 秒 98）は身長 1.76m・体重 70kg，ピッチ毎秒 4.75 歩・ストライド 2.11m．両者を比較してみると，ストライドが大きく異なる．ただ，身長あたりのストライド指数は，ボルト：1.24，桐生：1.20 で，ボルト選手のストライドが大きいのは長身だからという理由ではない．したがって，桐生選手（含，他の日本選手）の今後の課題は，ピッチを維持しながらストライドを伸ばすことである．そのためには，脚を前後に大きく開かせるのではなく，同じフォームにみえながら，結果的にストライドが伸びている（つまり，うまく地面をキックする）ことが目標になると考えられる．

★進化豆知識　陸へ踏み出そう——手足の起源

　古生代のカンブリア紀からオルドビス紀にかけて，繁栄した藻類の光合成によって，地球は以前に比べて酸素豊かな場所となっていた．酸素分子は，紫外線によって分裂し，他の酸素分子と結合してオゾンとなり，地球を取り囲むようになった．こうして形成されたオゾン層は，太陽が放つ紫外線などの生物にとって有害な光線が直接地上に降り注ぐのを遮るカーテンの役目をした（図1）．やがて生物が生きていきやすい環境となった陸上に植物が生育するようになり，デボン紀には植物の多様性が増し，地球上に森林ができた．地球上に緑が生まれると，その植物たちの活動により生産された有機物などが，陸地や水に流れ込んで溶け込み，地球の環境は次第に変化していった．

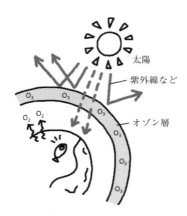

図1　オゾン層の貢献

　「魚の時代」ともいわれるデボン紀．海中も陸上も環境が豊かになりつつあったデボン紀後期のある日，海の中で暮らしていた魚類の一種が，陸上へ一歩を踏み出した．ユーステノプテロンと呼ばれるその両生類的魚類は，およそ3億8500万年前に生きていたとされ，胸びれや腹びれには骨の痕跡がみつかっている．その骨のあるひれで体を支え，泥の上を這うように移動していたと推測される．海中と異なり，浮力が作用しない陸上では，移動の際に，重力に対抗して腹部を持ち上げる必要があるのだ．また，ユーステノプテロンは原始的な肺をもっていたと考えられている（図2左）．

　やがてユーステノプテロンの骨のあるひれは，足（四肢）となり，陸上での生活に適応した．足をもった魚類的両生類のイクチオステガは，およそ3億6000万年前に生存していたと考えられ，こうして動物は四肢を獲得したことにより（図2右），陸上での活躍の場を広げていく．

　またこの時代には爬虫類も出現した．ヒロノムスは，3億1500万年前頃地球上に生息していたといわれる最古の爬虫類であり，陸上で生きることができた．やがて2億8000万年前から2億6000万年前には，背中に広がる扇のような「帆」をもつディメトロドンが誕生した（図3）．この帆は，太陽の光を効果的に集める

図2 ひれから足へ

ことができ，変温動物であるディメトロドンの体温を素早く上げ，活動する準備を急速に進めることができたといわれている．恒温動物に近い，この体温調節機能をもつことによってディメトロドンは地球上で台頭し，その時代は6000年続いたという．

　時代は進み，いまからおよそ2億5000万年以上前，超大陸パンゲアが形成されていた．地球上の大陸が1つに集まっていたとされるそのパンゲア大陸の形成にともなう，大陸同士の衝突による火山の噴火は約100万年にわたった．さらにその頃，隕石の衝突もあったと推測され，気温上昇や，海中のメタンガスの噴出など度重なる地球災害が起こった．大陸が集合していたことにより，災害の影響が陸地や海の全域に広がり，多くの生物が絶滅に追い込まれた．この出来事は「ペルム紀の大量絶滅」と呼ばれ，地球の歴史の中でも最大規模の大絶滅であった．やがて火山活動が静まり，中生代にはまた新たな種の生物たちが地球上に誕生した．パンゲア大陸は，ジュラ紀に分裂し始め，やがて少しずつ現在の姿に近づいていった．

図3　ディメトロドン

第8章　空への憧れ——空中での運動

8-1　重力からの解放——跳躍のメカニクス

　身体を空中に投射する「跳躍」は，地上で唯一，自力で無重力感覚を体験できる瞬間である．重力がかかる状態にあるものを地面から離すには，重力に打ち勝つ大きな力を地面に対して発揮しなければならない（図8-1）．重心を上昇させる力は，地面反力 F と体重 w との差で，以下の運動方程式で表すことができる．

$$F - w = ma$$

ただし，m は身体質量，a は重心の加速度（$w = mg$，g は重力加速度）である．

　そして，空中に投射された身体にとって，外力は重力だけになるので，弾道運動となり重心の経路は**放物線**（parabola）を描く．すなわち，跳躍における重心の方向や飛距離は，地面反力によって得られる離地時の初速度ベクトルによって決定される．

　跳躍の踏切で地面を押す力の**力積**（impulse，力 F と時間 t の積）は，踏切初速度 v と比例する．

$$Ft = mv$$

　高く跳ぶには，この力積を大きくすることが条件となるが，それには地面を押す脚の筋力以外に，さまざまな動作が貢献している．とくに，助走を含めた腕振り動作と反動動作の貢献が大きい．

腕振り動作では，振り上げの反作用である下向きの力が下肢各関節にかかるため，各関節がこれに抗することにより大きな地面反力につながる．このとき，腕振りの反作用で下肢が伸び始めるのはわずかに遅れをとるものの，筋肉の特性の力-速度関係から筋肉自体が大きな力を発揮しやすくなり，また腱に蓄えられる**弾性エネルギー**（elastic energy）が大きくなるため，より多くの仕事が可能となって高く跳ぶことができるのである．

　また，反動動作をうまく使うためには，主働筋をあらかじめ活動させておくことと，主動作へ素早く切り替えることが必要である．それによって，以下の効果が期待できる．①伸張反射によって主動作で使う筋肉の活動が増強される．②主動作で使う筋肉が伸張性活動を行うことで大きな力を発揮できる（**増強効果**，potentiation）．③主動作に切り替えたときに筋肉の活動開始が遅れをとることがない．④腱に蓄えられた弾性エネルギーを利用できる．

　この4要素の貢献については，垂直跳びや連続縄跳びのようなホッピング，あるいは走高跳びといった跳躍の種類によって異なってくる．

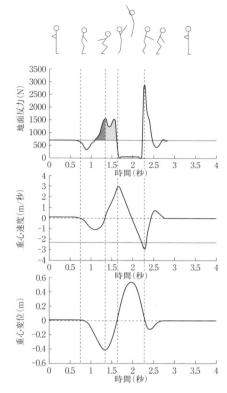

図8-1　垂直跳びの力学：重心の加速度（地面反力），速度，位置変化（深代他 2010）

8-2 ヒトのバネ──筋腱複合体の活躍

　ヒトは身体の中に，主に腱で構成される強いバネをもつ．とくに，このバネの特徴が活かされる動作形式は，縄跳びのような連続ホッピングである．この連続ホッピングについて，説明しよう（図8-2）．

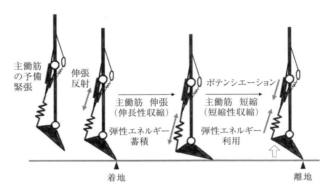

図 8-2　連続ホッピングのメカニズム

　このホッピングの主働筋である下腿三頭筋（図8-3）は，着地前に**予備緊張**（preliminary tension）を行い，着地の衝撃に耐える準備を行う．着地から最大足関節屈曲（着地中間）までの間に筋肉と腱が引き伸ばされる．筋肉が引き伸ばされることによって「伸張反射」が働き，次に続く短縮局面での主働筋の筋張力を増加させる．同様に，腱が引き伸ばされると「弾性エネルギー」が蓄えられ，短縮局面で弾性エネルギーが解放されて利用される．短縮局面では，この2つの貢献に加えて，「筋肉の増強効果」という，引き伸ばされることによって筋肉自体が強い張力を発揮するということも現れる．

　このホッピング動作における，筋肉と腱の長さ変化を超音波装置によって実証した筆者

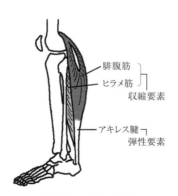

図 8-3　下腿三頭筋

らの研究では，筋肉はほぼ等尺性活動をしており，地面反力によって下腿三頭筋の中の腱だけが伸縮していることが明らかとなった．筋肉が伸張されなくとも，等尺性活動で筋張力が増せば，伸張反射が生じる．そして，腱の伸縮は外力（地面反力）によるものなので，エネルギーを消費しない．私たちが縄跳びを比較的楽に続けられる秘密はこのような腱のバネ機構の貢献なのである．この運動について，エネルギー変換の指標である機械的効率（仕事/エネルギー消費量）を測定してみると，60％にも達するのである．短縮性活動だけの機械的効率が高々20％であることを考慮すると，腱の弾性エネルギーにおける貢献はきわめて大きいことが理解できよう．

このように，私たちの身体の中に潜む腱のバネ機構をうまく使えば，スポーツパフォーマンスの向上や，楽な労働などが可能になるという夢をもって，筆者らは研究を続けている．この腱をさらに活用している動物を次節で紹介しよう．

8-3　カンガルーのジャンプ──アキレス腱と弾性力

跳ぶのが得意な動物といえば，体長の約10倍の距離を跳ぶことができるカンガルーであろう．カンガルーは，オーストラリア大陸に生息する有袋類の一種であり，その名前は原住民アボリジニの「gangrru＝跳ぶもの」に由来する．カンガルーのジャンプ能力の秘密は，弾性要素である**アキレス腱**（achilles tendon）が発達した下肢にあり，尾で体のバランスをとりながら下肢で地面を強く蹴って跳ぶ．

もう少し，腱の特徴について解説しよう．腱は筋線維と骨を結合する組織であり，力学的に強靭なコラーゲン線維と，弾性特性を有するエラスチンの構造体（弾性線維）から構成されている．そのため，10,000Nを超える筋張力に耐え，バネと同様の弾力性を備えている．

腱は筋張力を骨に伝える役目を担っており，力の通り道といえる．また同時に，弾性特性を有することから弾性エネルギーの蓄積場所ともいえる．この蓄積を活用することで化学的エネルギーが節約できる．その典型例が連続的に軽く飛び跳ねるような動作（カンガルーのホッピングなど）であり，運動エネル

8-3　カンガルーのジャンプ──アキレス腱と弾性力　　119

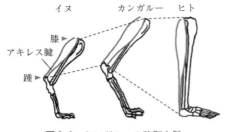

図 8-4 カンガルーの強靭な腱

ギーが弾性エネルギーの蓄積を介して再利用されることにより化学的エネルギーが節約される．なお，歩行にも同様の仕組みがあり，片脚支持期の前半に足関節底屈筋の腱が伸張され（すなわち弾性エネルギーが蓄積され），後半の推進局面で腱が短縮する（すなわち弾性エネルギーを放出する）現象が明らかにされている．

　カンガルーは，進化の過程で足部が長くなり，地面と接する部分はヒトの身体に当てはめると指の部分となる．足部が長くなった結果，踵に付着するアキレス腱は太く短い強靭な組織となった（図8-4）．カンガルーの連続ホッピング時の1回あたりの跳躍距離は，12～13mに達する．これほどの距離を跳躍する場合，接地中の地面反力はきわめて大きい．この大きな地面反力は，接地前半でアキレス腱の伸張により弾性エネルギーとして蓄積され，接地後半で利用される．前節で指摘したように，腱は筋肉と異なってエネルギーを消費しないので，弾むボールのようにホッピング移動できるのである．ここに注目した動物学者ドーソン博士らは，さまざまな移動スピードにおいてカンガルーのホッピング中のエネルギー消費量を測定した．その結果，驚くことに，移動スピードが高まるほどエネルギー消費量が少なくなったのである（図8-5）．わかりやすく言い換えれば，ホッピングの移動スピードが速くなるほどホッピングが「楽に」なるのである．腱の利用には，このような可能性が秘められている．この腱の特性を，ヒトの運動でうまく利用することができれば，驚異的なテクニックが生まれるのではないかと筆者は密かな夢をもっている．

　なお，カンガルーの移動でホッピングに至る前段階の**五足移動**（pentapedal locomotion）について説明しておこう．その方法は，①前足で地面を後方に引っかき，後足と尻尾を前に引き出す．②前足のつま先と尻尾で体重を支えながら，後足を前方へスウィングする．③前足を空中に引き上げる．④空中に上がった前足を前方に進める，という動きである．この方法による移動はぎこちなく，他の動物よりもエネルギー消費量が多いことが認められた．しかし，ホッ

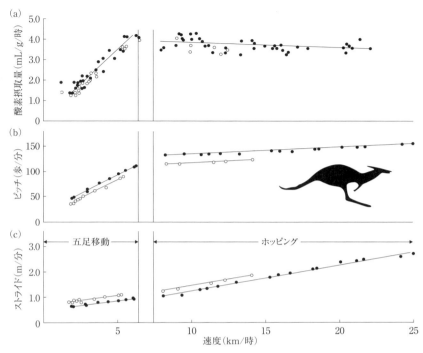

図 8-5 カンガルーのホッピング．スピード増加とともにエネルギー消費量が減少する不思議．○ ● ：被検体 2 匹のカンガルー（Dawson and Tayor 1973）

ピングに移ると，上記のように腱のバネを利用して見事に移動するのである．

8-4 より遠くへ，より高く──陸上競技の跳躍

　跳躍は重力との戦いである．空中にある物体（含．ヒトの身体）は，落下の運動方程式に従う．ボールを高さ h から落とした場合の落下運動は，$h = 1/2gt^2$（g：重力加速度，t：落下時間）となる．この運動方程式に，質量 m の項はない．すなわち，ある一定の高さからモノを落とした場合は，高さ h は時間 t によって決まる．ガリレオがピサの斜塔で行った実験のように，重いモノでも軽いモノでも，落下時間は同じになる．

走幅跳びの競技において，踏切後の身体重心は，空中に投げ出されたボールと同様に放物運動となる．投射体の跳躍距離は絶対初速度の2乗に比例して大きくなり，**投射角**（projection angle）θ が45度のときに最大になる．ところが，実際の走幅跳びの至適投射角度は高くても20度程度（至適投射角は15～20度）である．これは，全力疾走に近い助走をともなう走幅跳びでは，踏切速度の大きさと方向の両条件を両立させることが困難である上，着地時の重心高が離地時の重心高より低くなるためである．

　跳躍における重心の方向や飛距離は，離地するときの状態（初速度ベクトル）によって決定され，空中では腕や脚をどのように動かしても，その重心の軌跡を変えることはできない（図8-6）．

　走幅跳びにおける跳躍の局面は，助走・踏み切り・空中・着地の4つに分けられる．踏切地点と着地地点を結んだ跳躍距離は，踏切距離・空中距離・着地距離の3つに区分される．跳躍距離の90％を占めるのが空中距離であり，これは身体重心の空中移動距離である．助走速度と跳躍距離は高い相関関係があり，遠くへ跳ぶためには速い助走が必要となる．8m以上跳躍するには10.3m/秒程度の助走スピードで踏切準備を行う必要があると報告されている．踏切準備は選手個々の最大疾走速度の90％程度となることを考慮すると，100mのトップスピードが約11.3m/秒（100mの加速走：8秒83）の能力が必要であり，そのスピードでの踏切技術が必要ということになる．踏切準備動作ではまず，踏切1歩前で腰（身体重心）を約10％低くする．そして，踏切動作では，支持脚の反動，腕と振り上げ脚の振り込み，体幹の捻転などを利用し，助走速度をなる

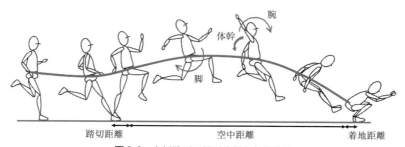

図8-6　走幅跳びの局面分類と角運動量

べく減じないようにしながら，鉛直速度を得るような地面反力となることを目指す．踏切中の支持脚の動作としては，前から後ろに引き戻しながら接地する「積極的接地」と脚全体を固める「固定式接地」という方法があるが，選手は練習でこの両者の中間を探っているのである．

なお，空中で身体を上下に大きく伸ばす「そり跳び」は踏切で生じた前回転の角運動量を抑えることをねらっており，手足を大きく回す「はさみ跳び」は同様に前回転を抑えて，両者ともに着地でロスをしないようにしているのである．着地局面において，通常は重心の着地点よりも踵の着地点のほうが手前（踏切側）にくるロスが生じるが，空中での前回転が大きいと上体が前のめりになり，そのロスがさらに大きくなってしまうのである．筆者らが研究したところによれば，このロスは選手の空中と着地動作によって 0.2 〜 0.6m という幅をもつ．10cm の差で勝敗が決することが多々ある走幅跳びで，この差は大きいといえる．

走り高跳びにおける踏切離地時の身体重心の高さは身長の約 55％で，静止立位時の身体重心の高さより少し高い．踏切時には，大きな地面反力によって空中での身体重心上昇高を獲得する．走り高跳びでは，バーの高さを超えるためには身体重心をバーより高く上げる必要がある．跳躍高における割合は，踏切時の身体重心の高さが割合として最も大きく，長身の選手が有利になる（図 8-7）．

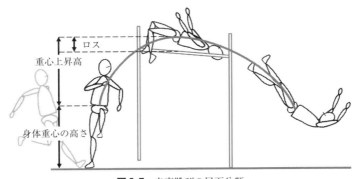

図 8-7　走高跳びの局面分類

8-4　より遠くへ，より高く――陸上競技の跳躍

背面跳び（fosbury flop）の助走が曲線を描くのは，身体重心を下げた状態で踏切を迎えるためである．重心を下げて踏切に入ると，踏切中の地面反力の力積が同じならば初速度を大きくできるという利点がある．踏切直前に身体重心を下げる動作としては，後傾と内傾とがあり，曲線を描いて助走することによって，内傾姿勢をつくることができる．曲線助走のもう1つの利点として，踏切動作中に身体の捻転効果を利用することがあげられる．走高跳びでは，踏切において体重の10倍を超える地面反力を受ける．身体を巧みに捻ることで体幹を固定し，大きな地面反力を受け止めるのである．走幅跳びや走高跳びの踏切は，前述した反動動作が大きく影響している．

ここで，世界記録2.45m（2018年現在）のソトマヨル（身長：1.95m，体重：87kg）の地面反力を推定してみよう．踏切時間はビデオ映像から0.10秒とする．身体重心の空中での上昇高1.38mを得るための初速度は5.20m/秒であり，運動量と力積の関係から，平均地面反力は460kgwとなる．逆にいえば，0.10秒間，片脚で460kgwの地面反力を発揮できれば，誰でも世界記録2.45mをクリアーすることができるのである．

走高跳びではカーブ助走を用いて内傾するために，踏切で興味深い現象が起

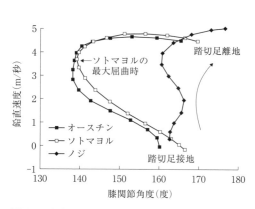

図 8-8　走高跳び踏切での膝関節角度と鉛直速度（阿江 1992）

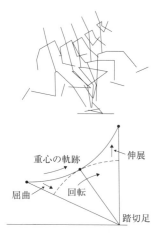

図 8-9　走高跳びの踏切モデル：屈伸と回転（阿江 1992）

124　第8章　空への憧れ——空中での運動

こる．図 8-8 のように，踏切前半で膝を屈曲している局面でも身体重心はプラスの速度をもったりする．これは踏切支持脚が屈伸すると同時に，身体の起こし回転が生じるためである（図 8-9）．走高跳びの踏切では，支持脚の屈伸と起こし回転に加え，腕と振り込み脚の振り込み動作が重要になる．また，踏切中の体幹の捻転や支持脚の各関節反力も大きな貢献を果たす．

8-5 風に乗れ！──飛行と揚力

　地面を離れて，空中に飛び出してみよう．スキージャンプで選手がスキー板に乗って空を飛ぶとき，大切なのは風の流れで，滑走の直前に選手はジャンプ台の上で，目に見えない風の動きを読んでいる．ジャンパー（選手）は空中へ飛び出す際，移動速度とほぼ同じ速度の風を正面から受けているといえる．ジャンパーが受ける向かい風は，抵抗となるが，この風という流体は同時に，ジャンパーを上へ持ち上げる揚力を生む（図 8-10 左）．勝負の行方を左右する揚力をうまく獲得するには，身体や物体の風に対する角度（迎え角）が重要になる．大きな揚力を得ることができれば，真空中で飛行した場合の放物線の到達点よりも，長く遠く飛行することができる．

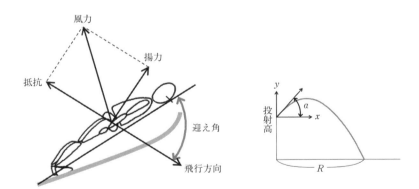

図 8-10　スキージャンプのメカニズム

　次に，自分が飛行するのではなく，空中に向かって物体，たとえば円盤を投げ出す場合を考えてみよう．投げ出された投射体には，外部環境から空気抵抗

と重力が働くが，たとえば空気抵抗を考慮しなければ，重力（mg）のみの作用でその物体は放物線上の軌跡を描いて落下する．このとき，時間変位（t）において，投射体の運動は以下の式で表される．

$$x = v\cos a \cdot t, \quad y = -\frac{1}{2}gt^2 + v\sin a \cdot t$$

v：初速度（m/秒），a：投射角度（rad），g：重力加速度（m/秒^2），h：投射高と着地高の差（m）

さらに図8-10右のように投射位置と着地高が異なる場合，到達距離（R）は上記のように表される．

$$\frac{v^2 \sin a \cdot \cos a + \sqrt{(v\sin a)^2 + 2gh} \times v\cos a}{g}$$

最終的に着地する到達距離は初速度の影響が大きく，初速度vの2乗に比例する．

槍投げで空中に投げ出された槍は，空気抵抗の影響を受けて揚力により持ち上げられる（図8-11）．揚力は，とくに飛行時間の後半に作用し，遠くへと槍を運ぶ．飛行物体がボールの場合を考えてみると，飛行中のボールの回転にともない，粘性により周囲の空気に流れが生じる．球状のボールでは迎え角はないが，球体の側面に生じる，この空気の流れの速度差によって生み出される圧

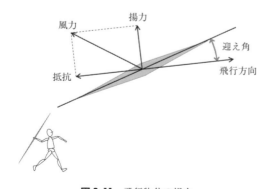

図8-11 飛行物体の揚力

図8-12 マグヌス効果

力差が揚力を発生させる（速度が遅く，気圧が高いほうから，速度が速く，気圧が低いほうへ向かって力は作用する）．この現象は**マグヌス効果**（magnus effect）と呼ばれ，野球やサッカーでの変化球を作り出す（図 8-12）．また，ゴルフのフックやスライスはこの典型例である．空気抵抗も揚力も作用しなければ，投げられたボールは重力のみの作用によって放物線上に落下する．野球のさまざまな（時に魔球などと称される）変化球は，空気という流体の中で，マグヌス効果を利用して作り出されるのである．

■コラム　鳥のように飛びたい──飛翔のメカニクス

　私たちを乗せて空を進む飛行機の主翼の断面は，下面は平面，上面は山なりに曲線を描いている．これは，揚力を得るためである．主翼の上面を空気が通る速度は，下面を通る速度を上回り，生じた圧力差により主翼を持ち上げる揚力が生じる（図1）．スキー競技のダウンヒルで，選手が屈むのにも同じ理由がある．前かがみの姿勢は雪面を急降下する際に受ける空気抵抗を減らすだけでなく，屈めた背中の上面では空気の速度は速くなるため，選手の体に上向きの揚力が作用し，身体と雪面との摩擦抵抗の減少を狙えるのである．

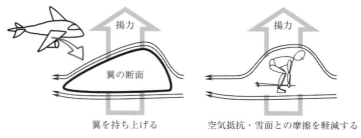

図1　飛行機の翼とスキー競技における揚力

　自ら空を舞う鳥類の翼にも，飛行機の主翼と同じように揚力が作用している．翼の初列風切羽と次列風切羽に着目すると，次列風切羽は羽軸を中心に左右対称であり，その断面は飛行機の翼のように，上面は山なりに曲線を描いている．進行方向の正面から受ける風を利用して，上向きの揚力が発生する．対して，初列風切羽の羽は，羽軸に対して左右対称ではなく，片側（進行方向に向かって後方）の幅が広い（図2）．そのため，翼を羽ばたかせるとその広い面で空気は後方に押し出される．空気は粘性をもつ流体であり，鳥

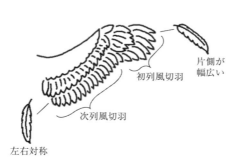

図2　羽の特長

の体は反作用で前方へ押し出される．また初列風切羽は，必要に応じて次列風切羽とともに揚力の獲得にも貢献する．空を飛ぶ鳥は，空気の流れをうまくとらえて，翼を羽ばたかせる．体が大きくなればなるほど，飛び立ち，また飛翔するための筋肉の仕事は増加する．大型の鳥は，筋肉を休めるため，滑空する時間を長くとる必要がある．

　鳥類の仲間にも，それぞれの理由で空を飛ばずに生活する仲間が存在する．私たちの生活に身近なニワトリもその一種である．ニワトリはもともと，東南アジアに生息する「コケッコー」と鳴くセキショクヤケイというキジ科の一種が，ヒトの生活のために品種改良された家禽の一種である．日本でも飼われていた歴史は長いようで，『古事記』や『日本書紀』にもニワトリが登場するという．ヒトの保護下という安全な環境で，餌を十分に与えられた彼らは，体重も増加し飛べなくなったともいわれ，ニワトリの品種は，主に食用の卵をとるための白色レグホンや，ペットとして人気のチャボなど200種以上存在するといわれている．厳しい寒さに襲われる南極大陸に生息する，コウテイペンギンも飛ばない鳥の一種である．その翼は平たい形状で，海中で羽ばたくように水を掻き，泳ぎ回る．コウテイペンギンの体は，水の抵抗を受けにくい流線形に近く，体表の羽毛は水をはじいて海中でも寒さから体を守っている．また，水圧を受けるため，骨は密度が高く丈夫な構造をしている．

★進化豆知識　爬虫類と鳥類のあいだ——始祖鳥

　鳥類への進化の軌跡は，貴重な化石にみることができる．1861 年，ドイツのバイエルン地方のゾルンホーフェンという町の石切場で発見された化石は，爬虫類と鳥類の特徴を併せもったような不思議な骨格の動物の化石であった．始祖鳥と呼ばれるその動物は，口には歯をもち，指には爪，20 個の尾骨からなる長い尾など爬虫類としての特徴と，羽毛で覆われた体，大きな翼など鳥類らしい特徴を併せもっている（図 1）．始祖鳥は，小型の肉食恐竜から進化し，中世代ジュラ紀後期にこの地球に生息していた羽毛恐竜の仲間であると考えられている．始祖鳥の化石は世界で 10 ほどの標本が知られており，ゾルンホーフェンで発掘されて別々に命名された．これらの貴重な標本は，ドイツをはじめ多くはヨーロッパに保存され，第 1 標本はイギリスの大英博物館に，第 2 標本はドイツ・ベルリンの自然史博物館に保管されている．第 3 標本は，ドイツのマックスベルク博物館に保管されていたが，所有者が自宅に持ち帰ったのち，本人の死後行方不明になってしまったという．

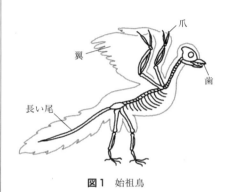

図 1　始祖鳥

　始祖鳥などの化石の発見は，鳥類の進化の解明にとって重要な意味をもつ．体表のうろこがやがて羽根となり，肩関節は左右に動かせる構造へと変化し，翼が形成されて飛ぶことが可能になったと考えられている．始祖鳥は，進化の時間の中で動物の形態が段階的に変化してきたことや動物たちの種のつながりを示しているともいえる．また，始祖鳥の化石は，ダーウィンが『種の起源』を発表した直後に発見され，進化論の裏付けともなった．

　かつて地球では，恐竜の仲間たちが勢力をふるった時代があった．中生代三畳紀に出現した大型爬虫類の恐竜は，ジュラ紀，白亜紀にかけて繁栄した．同じ時代に生きていた，私たち哺乳類の祖先は，おそらく小さな体で恐竜にみつからないように隠れながら，生きていたのだろう．この流れの突然の変化は，いまからおよそ 6550 万年前，現在のメキシコ・ユカタン半島に落ちた直径約 10 km もの隕石によってもたらされたと考えられている．この隕石の衝突は，地震や，火山爆発による大火事，気候変動を引き起こし，土埃や火山灰が空を覆った．太陽の

光が遮られた陸上では，植物が枯れ，やがて植物を食べていた草食動物，それら
を餌としていた肉食動物が次々に命を落とし，恐竜や多くの生物が絶滅したとい
う．この考えの根拠は，地層と化石にある．2億年前の地層からは多く見つかっ
ている生物の化石が，6550万年前の地層からは発掘されないということ．さらに，
地表にはあまり存在せず，隕石に含まれる物質であるイリジウムが，6550万年前
の地層から採取されたことから，隕石衝突説が導き出された．ユカタン半島には，
直径約170km，深さ約15〜25kmのクレーターが存在している．

　白亜紀の隕石衝突による大量絶滅によって幕を閉じる中生代は，爬虫類が大い
に繁栄，台頭した時代であった．大きな時間の流れの中の，予測できない出来事
をきっかけに，地球上の環境は変化のときを迎える．生物の絶滅によってもたら
された空間や食物連鎖の関係の変化によって，活躍する動物の種類も大きく変化
し，哺乳類が，繁栄のときを迎える．新生代の始まりである．

第9章　ヒトに特有の動き──投・打・蹴

9-1　動物を超える動き──オーバーハンド投げ

　ひと跳びで12mを超えるカンガルー，100mを3秒で走るチータ，水中から3mも跳び上がるイルカなど，ヒトに比べるときわめて優れた運動能力をもつ動物は多くいる．しかし，このように素晴らしい運動能力をもつ動物でもできない動作がある．モノを投げる，打つ，そして蹴る動作である．

　動物園で猿が糞を下手で投げたという話はあるが，何かモノを上手で投げる動作，つまり**オーバーハンド（上手）投げ**（overhand throwing）はヒトにしかできない固有の動作である（図9-1）．ヒトのオーバーハンド投げ動作では，胴体が十分に捻じられていて，両肩の延長線上に肘があり，また肩から上腕部が外に回旋される．このような動作は，3次元的にダイナミックに動かすことができるヒトの肩関節の解剖学的な特性があるがゆえのものであり，他のどの動物も骨格の構造上，遂行することは不可能なのである．ヒトの上背部にある肩甲骨には，上腕骨や鎖骨などが接続して計5つの関節が存在する．肩甲骨と上腕骨をつなぐ関節は，球関節であるうえに関節窩が浅

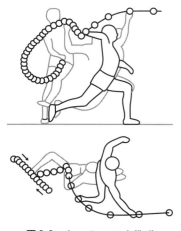

図9-1　オーバーハンド投げ

いことも加わって大きな可動域をもつ（図9-2）．また，肩関節と胴部のつながりをみると，たくさんの筋肉が複雑に支えている．このような構造から生み出される，外転‐内転・屈曲‐伸展・水平屈曲‐水平伸展・外旋‐内旋などの動きが組み合わさり，複雑な動作が作り出される．これに対して，四足動物は腕が肩に対して前向きに付いているため肘を後ろに引くことができず，また前足は体重を支える役割もしているので，前肢の関節は柔軟性に乏しく十分に捻じることができないのである．また，ウエストと呼ばれる腰上部の長いくびれ部分もヒトの身体的特徴の1つである．直立二足歩行を行うヒトは，解剖学的観点から「投げる」という動作の準備が整えられて進化してきたのである．その結果，ヒトは走・跳・泳といった動作では，動物に大きく水をあけられたものの，投げる動作では勝利するのである．とはいえ，適切な時期に学習を積まなければ，ヒトもまた上手にそして力強くモノを投げることはできない．ヒトは生まれつき投げることができる動物なのではなく，投げる可能性を与えられた動物だと桜井伸二教授（中京大学）は言う．

　また，このオーバーハンド投げは，ヒトが生存し続けてきたことに大きな役割を果たしていると考えられる．原始時代に，いかに速く走ったり高く跳んだりしても，迫ってくる動物からはとうてい逃げ切れないが，槍を投げることで危険な動物との間に距離を

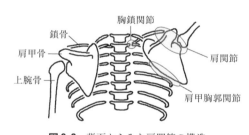

図 9-2　背面からみた肩関節の構造

おくことができ，また一方で狩猟として槍を投げることによって食料を得ることができたに違いないからである．

9-2　ムチによるエネルギーの流れ——運動連鎖

　野球の投手が時速160kmもの速さのボールを生み出す不思議．ヒトの身体から驚異的な速さのボールが投げられる仕組みは，身体の構造と，力の伝達に

ある．野球の投手の力強い投球動作は，肩だけではなく，全身で作り出されている．ワインドアップで振り上げた脚には位置エネルギーが蓄えられる．それを前に踏み出すことで運動エネルギーに変換する．その過程で体幹を強く捻転する．つまり脚や体幹の大きな筋肉の収縮によって生み出された運動エネルギーと力は，硬い骨によって，関節を越えて伝わっていく．下肢や体幹で生み出された力は，肩・肘・手首の順に体の末端へ，そしてボールへと伝わる（図9-3）．投球動作では，この力の流れを利用して，多関節により構成された腕をムチのようにしならせることで，末端部で効率よく大きな力を発揮することができるのだ．このような動作を**ムチ動作**（**運動連鎖**（kinematic chain））と呼び，野球のピッチング，テニスのストロークなど，投球や打球の場面で多くみられる．このようなムチ動作の速度は末端部ほど速くなる．熟練者ほど，このムチ動作や体幹のタメ動作をうまく行い，力強く流れるような美しい動作を生み出す．

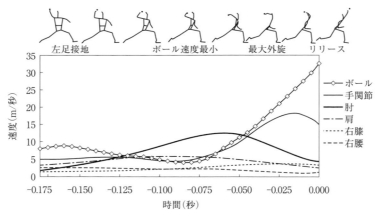

図 9-3 オーバーハンド投げのムチ動作（島田 2002）

ムチ動作はまた，同じく上肢末端の速さが必要となるゴルフスウィングやテニスのサービス，バドミントンのスマッシュや，下肢末端の速度を高めることが求められる，サッカーのキックにおいても重要な動作パターンである．一流選手によるスポーツ動作をみて，しなやかで美しいと感じることは少なくない．

ムチ動作は，スポーツにおけるしなやかな動きの正体であるともいえる．

次に，ムチ動作のメカニズムである**運動エネルギーの転移**（energy transfer）についてみていこう．実際のムチの場合，初めにムチのグリップに力を加えて加速し，その仕事によってムチに運動エネルギーを与える．次に手を止めると，手が静止した後の運動エネルギーは保存され，ムチが手元から連続的に静止されていくので，この運動エネルギーが次々とムチの先端寄りの質量の小さい部分に移動していくことになる．多関節からなるヒトの身体は，ムチのようにしなやかな連続体ではないが，ムチと同様のメカニズムを利用して末端部の速度を上げることができるのである．ムチ動作にともなう身体各部の速度変化パターンは，こうした運動エネルギーの転移を反映したものなのである．ただし，上記のメカニズムで身体末端部の速度を高めるためには，①末端部の慣性（質量や慣性モーメント）が中枢部よりも小さいことと，②中枢部は末端部よりも大きな力やエネルギーを発揮できることが前提となる．

しばし耳にする「タメ動作」とは，このムチ動作をうまく導くもので，「タメ」は体幹部に近い部位を先に動かし（テニスのストロークであれば，手や肘より，肩），時間差をもって，ムチ動作を作り出す．ムチ動作のメカニズムでは，中枢部で大きな力やエネルギーを発揮することが前提となる．すなわち，中枢部である体幹（図9-4）は，動作を制御する根本であるといえる．このためには，反動動作を用いて筋肉を引き伸ばすことによって弾性エネルギーを蓄え，この弾性エネルギーを一気に放出するとともに，筋肉を収縮させて爆発的な力を発揮することで，この流れを成立させる．このような反動動作のメカニズムは，筋腱複合体レベルでは伸張−短縮サイクルと呼ばれている．

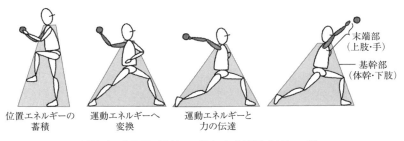

図 9-4 基幹部（体幹＋下肢）と末端部（上肢＋手）

図 9-5　オーバーハンド投げ（左）・サイドハンド投げ（中）・アンダーハンド投げ（右）の相違

なお，オーバーハンド投げ，サイドハンド（横手）投げ，そしてアンダーハンド（下手）投げは，体幹の角度が異なるだけで，脚の踏み出しや体幹の捻り，そして腕のムチ動作に関しては基本的に差がないといえる（図9-5）．

9-3　最後の〆——かいなを返す

　オーバーハンド投げ動作の極意は，脚と体幹でエネルギーをつくり，腕のムチ動作でエネルギーを流すことである．実は，投げる動作で重要なコツがもう1つある．それはボールをリリースするスナップ動作のときに，手首を回内することである．日本古来の身体技法，あるいは相撲や柔道などでも，手首の回内を「かいなを返す」といって重要視してきた．ここでは，手首の回内の利用について説明しよう．手首の回内と回外はあまり馴染みがない言葉かもしれないが，ドアノブを回す動作を例にとると，小指側へ手首（前腕）を捻る動作を**回外**（supination）といい，反対に親指側へと捻る動作を**回内**（pronation）という．

　野球の投手が，試合前にピッチング練習を行っていて，「次にカーブを投げる」という合図を捕手に伝えるときに，投手が胸の前でボールをトップスピン回転させる回外動作をシグナルとして行う（図9-6）．従来，カーブの投球では，放たれたボール自体もトップスピン回転であるし，またドアノブを小指側に回すように前腕も回外させることによってボールに

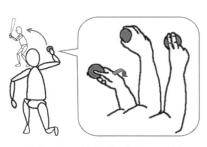

図 9-6　カーブを投げるときのシグナル

136　第 9 章　ヒトに特有の動き——投・打・蹴

回転を与えていると思い込まれてきた．ところが，野球の投手の直球とカーブ投球における上肢運動を詳細に 3 次元解析して比較分析した結果，カーブの投球リリースの瞬間，前腕は回内方向へと運動していることが明らかとなった．

この回内動作は，ムチ動作による運動連鎖の最後の締めくくりとしてとても重要である．オーバーハンド投げに類似した動作として，バドミントンのスマッシュ，テニスのサーブ，バレーボールのアタック動作などがある．とくにバドミントンのスマッシュ動作は回内の良し悪しによって，ラケットの先端スピードが大きく異なることがわかっている．

9-4 打ち合いでウラをかく──予測

オーバーハンド投げと同様にヒトにしかできない動作として，モノを打つ，あるいは蹴る動作がある．これらは力学的には「衝突」現象としてとらえられる．衝突現象としては動物同士の体当たりやカンガルーのボクシングなどがあるが，動物はまず打具をもつこともできず，足部でモノを蹴ることもきわめて稀であり，思いつくのは，象や犬のサッカーくらいである．

野球のバットやテニスのラケットなど，道具を使ってボールを遠くへ飛ばす場合，**スウィートスポット**（sweet spot）でボールをとらえることが重要である．スウィートスポットとは，バットやラケットにボールが当たって反発するとき，最もボール速度の損失が少なく，かつ**反発係数**（coefficient of restitution）が高くなるポイントを指す（図 9-7）．スウィートスポットとその周辺のスウィートエリアから外れた場所にボールが当たると，打具に大きな回転力など不要な力が生じ，グリップをもつ手がしびれたり，また跳ね返ったボールの速度が不十分だったり，軌道が乱れたりしてしまう．このポイントを的確にとらえるために，打者は向かってくるボールの軌道を見極め，適切なタイミングでボールに打具を当てることが求められる．動作の正確性や状況判断能力は，練習や経験などで育まれていく部分が大きい．

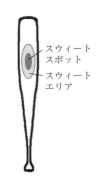

図 9-7 バットのスウィートスポット

さて，ゴルフや野球のティーバッティングのように，静止しているボールを打つ動作は，成功しても失敗しても打った本人の責任になる．このような動作は自分1人で完結しているので**クローズドスキル**（closed skills）という．一方，投手や対戦相手がなるべく打ちにくいボールを出してきたのに対応して巧みに打ち返そうとする場合は，相手とのスキルの相対関係になる．自分の力量が高くても，相手がもっと上ならば，相手の勝ちになる．このように，対戦相手との相対的な関係で巧みさが決まる動作を**オープンスキル**（open skills）という．

まず，相手がある卓球，バドミントンそしてテニスなどのラケットスポーツ（図9-8）のオープンスキルについて考えてみる．テニスのシングルスのように全力でボールを追って移動してもラケットが届かないスペースがある場合と，野球や卓球のようにバットやラケットが必ず届くところにボールがくる場合に分けられる．スペースが広く，手の届かないところに打ち込まれるテニスやバドミントンなどは，スウィングできる場所までまず身体を移動しなければならない．その後のヒッティングはスウィング自体のスキルになる．身体の移動であれ，スウィングであれ，相手のストロークをいかに予測できるかが鍵となる．

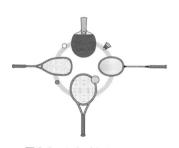

図9-8 さまざまなラケット

テニスの通常のストロークは，弾んだボールが放物線を描いて頂点を過ぎ，落ちてきたところを打つ．ただ，このストロークでは身体はコートの後ろ寄りに位置しなければならず，また打ったボールのコースも相手に読まれやすい．そこで，最近多くの選手が用いるようになってきたのが，ボールが弾んだ直後に打つライジングボールという打法である．この打ち方だとネットにより近い位置で処理でき，また相手が準備して移動するための時間も短くなるので，打ち手が有利になる．ただし，ライジングボールで自在にコースを決めて打つには，高いスキルが要求される．

テニスは打動作が繰り返されてポイントが決まるのに対し，野球は1回の投げと1回のヒッティングで1勝負となっている．投手の手からボールが離れて打撃点に到達するまでは，球種にもよるが0.5秒程度かかり，打者はインパク

トの約 0.3 秒前に，打つか見送るかを選択し，約 0.1 秒前に振る位置を決める．打者は，そのわずかな時間でボールの情報を収集し，バットをコントロールしなければならない．ボールの軌跡は，リリース位置，ボールの回転，初速度によって決まるが，たとえばリリース位置は右投手と左投手で左右 2m 程度異なる．打ちにくい投手は，一般に右投げが多いために，練習で想定しにくい左投手，長身の投手などが挙げられ，投げられたボールとしては，遠い球（外角低め），縦の変化，手元で変化する球が打ちにくいとされている．また，眼球運動をみる研究室の実験で，打者の投球軌跡を追う際，打者にインパクト位置でボタンを押させると，球速が速いほど，その反応が安定するまでに多くの球数を要するという．これは，情報を収集する時間が短いほど，正確な判断を下すことが難しくなることを意味している．ボールの回転軸が進行方向にあるジャイロボールの軌跡は，直球と見極めが困難であり，打者にとって打ちにくいボールとなる．また，ストレートと同じフォームだがボールが遅いフォークボールは（落ちるのではなく）タイミングがずれるために打ちにくくなる．

9-5　自在に打ち分ける極意——心理的影響と再現性

　ゴルフのような「クローズドスキル」を高めるには，どうしたらよいだろう．一般的なゴルフのスウィングは，足は肩幅程度に開き，上肢は両肩と両腕そしてグリップでできる三角形を保つようにアドレスする（図 9-9）．バックスウィングでは，肩を回すようにして体幹を捻り，クラブをトップオブスウィングまで上げる．そのとき両足には，バックスウィングの方向とは逆のトルク（回転力）が生じる．そして，ダウンスウィングでは，両脇の下を締め，アドレスの状態に戻すようにインパクトする．このダウンスウィングでは，やはり両足にスウィングの方向とは逆のトルクが生じて，回転のバランスをとっている．インパクト後のフォロースウィングは，大きく自然に身体が回るところまで回す．インパクト後のフォロースルーは力学的に打球の飛行に関係ないが，意識しやすいフォロースルーをコントロールすることによって，インパクトまでの動作によい影響を与えられるという利点がある．この動作をいつも同じテンポと軌跡で行うことができれば，ボールは選んだクラブのロフト角度通りに飛んでい

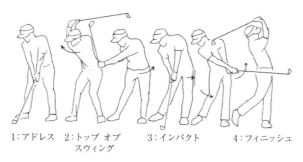

1：アドレス　2：トップ オブ　　3：インパクト　　4：フィニッシュ
　　　　　　　スウィング

図 9-9　ゴルフスウィング：再現性が重要

く（図 9-10）．しかしながら，スキルレベルが低い場合，なかなかそのようにいかない．

　では，何が問題なのか．上記の理想とするスウィングを，ボールを打たないで，つまり素振りならばできるという人は多くいる（逆に言えば，素振りで理想とする動作ができないのに何度もその素振りを練習することは，習字で下手な手本をみて何回も書くのと同じで，効率が悪いどころか，変な癖が付いてしまう）．そして次のステップとして，素振りでうまくできてもボールを置いて打つ段になると，途端にフォームが変わってしまう人が

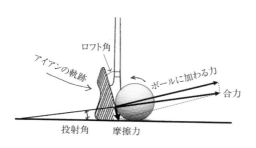

図 9-10　インパクトのメカニズム

いる．つまり，「素振り」と「実打」の違いである．この両者の差は，スキルレベルが低いほど大きくなる．上級者は実打であっても素振りとまったく同じ動作が可能で，それが高いスキル能力といえる．これは多分に心理的影響が強く，これこそ，ゴルフが心理的スポーツだといわれるゆえんである．

　もう1つはいつでも"同じ"動作を遂行できるか否かという**再現性**（reproducibility）能力による．いつでもどこでも同じスウィングができれば，ボール

140　第 9 章　ヒトに特有の動き——投・打・蹴

はクラブのロフト角通りに飛んでいくはずである．プロゴルファーの高度なスキルをもってすれば，何度打っても100m以上遠い地点の，ほとんど同じところにボールが落下する．これは，動作の自動化の最たるもので，プロがいつも同じように狙ったグリーンの中にキャリーしてくるのは，驚くほどの再現性の上に成り立った技術をもち，その上で風や芝の状態（フェアウェイかラフか，など）を考慮して適切に打てる多様性が身についているからなのである．

9-6　ボールとの衝突──脚のムチ動作

　世界中で愛されるサッカー．世界のサッカーリーグで活躍する選手たちの華麗な動きや，自在に操られるボールの行方に世界中のサッカーファンの目は釘付けになる．ボールを強く蹴るときも，ムチ動作が鍵を握る．蹴り脚がボールに向かう局面では，身体は軸脚に支えられながら，骨盤が回転し，股関節が屈曲，続いて膝関節が伸展する．この連続したムチ動作の中で，体幹部で生み出された力が，増幅されながら末端部に伝えられ，ボールに接する足部で最も速い動きを作り出す．

　ボールを蹴る前には，蹴り脚は一度，身体の後方に大きく引かれる．このとき，大腿四頭筋や腸腰筋は股関節の伸展に伴って引き伸ばされる．ボールに足が接するインパクトに向かって，脚が前方に振り出され，股関節が屈曲して大腿四頭筋や腸腰筋が収縮するときには，引き伸ばされたときに腱にためられた弾性エネルギーも発揮され，力強いキックが生み出される．また，ボールを蹴る直前には，膝関節が屈曲している．これによって脚全体の重心と，回転の中心である股関節との距離が短くなり，効率よく脚を振り出せるのである．飛んでいくボールにより速さをもたせるには，足関節を底屈した状態にし，足関節に近い甲の足の硬い部分にボールを当てて反発力を利用する．また，ダイナミックな脚の動きのバランスをとっているのが上半身である．上肢を蹴り脚と反対方向に捻ることで，身体全体の角運動量が安定する．軸足や体幹，動作全体が安定し，効率のよいムチ動作や，地面反力を利用することができる（図9-11）．

　4年に一度のサッカーの祭典ワールドカップはオリンピックと並び，いやそ

図 9-11 ボールのキック動作

れ以上に世界中の多くの人を熱狂させる．このワールドカップでは，大会ごとに異なるボールが使用されている．もともとは 32 枚のパネルを組み合わせ，縫い合わせてつくられていたサッカーボールは，近年の 2010 年，南アフリカ大会では，8 枚パネルの「ジャブラニ」，2014 年，ブラジル大会では 6 枚パネルの「ブラズーカ」など，異なるパネルの組み合わせで個性的なボールがつくられている．空中でのボールは，流体である空気抵抗を受けるため，ボールが通過した後の空間には，ボールの後ろ側に空気の剝離が起こり，空気の流れが変化する．サッカーボールの縫い目やその幅，パネルの大きさが異なれば，異なる空気の剝離が起こり，気流に違いが生まれる．こうして，無回転になりやすいボール，動きが予測しにくいボールなど独特の動きが作り出され，選手たちの能力や技術によって，私たちを驚かせる軌道が生まれるのである．

■コラム　ディンプルと19番ホール！——ゴルフの不思議

　ゴルフで，回転しながら飛行するボールは，気流の変化によってさまざまな顔をみせる．球体の回転運動によって軌跡が変化する現象はマグヌス効果と呼ばれる．マグヌス力は回転速度と流体の粘性に比例して，移動方向に対する垂直の力，すなわち揚力となる．この回転によるマグヌス効果は，球体の表面によっても大きく変化する．

図1　ゴルフボールのディンプル

　船が水面を進んだときにできる後尾の白い渦と同じように，ボールが空気中を進むときに，ボールの後ろには空気の渦ができる．ボール後面に空気の渦ができるということは，ボールの周りの流れがはがれていることを示し，圧力が低くなっている．その圧力差が，ボールが空気から受ける抵抗力，つまり圧力抵抗となる．ボールが進むスピードが遅い場合，空気は層状に秩序よく流れて，ボールの周りにはボールとともに動く層流境界層ができる．この状態では，後方の空気の渦が少ないために空気抵抗は小さくなるが，ボールの進むスピードが速くなるにつれて層流境界層が崩れて，ボールの後面に渦ができて空気抵抗が大きくなる．ただし，ボールのスピードがさらに速くなると，ボールの表面を流れる空気が層流の状態から，より不規則な渦が混じりあう乱流境界層の状態になる．この層は物体からはがれにくい性質なので，ボールの後方の空気の渦が少なくなって，つまり圧力差が小さくなって，それ以前よりも空気抵抗が小さくなる．このように，層流境界層から乱流境界層に移って，空気抵抗が突然小さくなるときのスピードを「臨界速度」という．ゴルフボールの臨界速度は時速216km程度，硬式野球のボールは時速144km程度といわれている．

　この臨界速度は，ボールの表面の状態によって異なっていて，表面が粗いほど低いスピードで臨界速度に達する．ゴルフボールのディンプル（図1）はこの効果をねらっているのである．歴史的には，最初は表面が滑らかなボールでプレーしていたが，使っているうちに表面に傷が付いて，表面が凸凹したほうが飛ぶことに気づいて，ディンプルを付けるようになったといわれている．

　ところで，ゴルフには，ラウンド後に「19番ホール」と称してバー（パブ，居酒屋）に集まり，ビール片手に，勝者の歓喜を盛り上げ敗者の無念を慰めると

いうリンクス（英国の海岸近くのゴルフコース）の慣例がある．「ハンディキャップ」というルールが誕生したのも，この19番ホールからだったともいわれている．ラウンド後に男たちが居酒屋へ集まり，酔っぱらう前に，それぞれ自分の酒量に見合った飲み代を帽子の中に入れる（最後の精算時には当然足りなくなるが，不足分を払うのは名誉あるその日の勝者である）．この手を帽子に入れて自己申告すること（hands in a cap）をゴルフに置き換え，「自分の力量を自己申告して」勝敗を楽しむ方法を，18世紀当時のセント・アンドリュースの町長がハンディキャップと称してゴルフに採用したというのである．19番ホールでは，赤ら顔をした人のよさそうなイギリス人が，ギネスビールを片手にカウンターに片肘をつきながら侃々諤々，そんな光景が目に浮かんでくる．ゴルフはうまくいっても，うまくいかなくても楽しいゲームなのだ．

■コラム　ヤモリが先生——動物の巧みさのメカニズム

　登る，跳ぶ，泳ぐ，……動物たちのさまざまな場面での運動の能力は私たちを驚かせる．動物たちの動きや，体の特性からヒントを得て，私たちヒトが生み出した技術や製品は多くある．

　ふと見ると家の壁を登っているヤモリ．家守とも表され，忍者のように自在に壁にはりつき，移動することができる理由は，ヤモリの足の裏に密集した細かい毛にある．その毛はさらに1本あたり100本から1000本に枝分かれし，目には見えないほどの細かな物体の隙間に入り込むと，物体と毛の間に，互いをひきつけあう力が作用する．この力が強力に働き，ヤモリは重力をものともせずに，壁にはりつくことができるのだ（図1）．このヤモリの足をヒントに，画期的なテープが生まれた．細かなカーボンナノチューブを表面に植え付けたテープは，接着剤を使わずに物体にはりつく．強力な接着力をもちながらも，はがした跡も残らないこのテープはヤモリテープと名付けられた．

図1　ヤモリの足の特徴を応用したテープ

　一方こちらは，ふっくらとした魚類の一種．フグの一種であるハコフグは，硬い骨板で覆われた箱のような四角い骨格と体をもちながら，意外にも素早く泳ぐことができる．その理由は，体に付いたひれ，そして滑らかな曲線で流線形を描く体である．このふっくらした形ながら，移動性に優れたハコフグをモデルとして誕生した車がメルセデス・ベンツ社の「バイオニックカー」（図2）である．四角い骨格から発想を得た車体の骨組みは，車体の頑丈さと車内空間の広さを生み出し，流線形の体を模した車体が，空気抵抗を軽減しながらの走行を可能としている．

図2 ハコフグの体の特徴を応用した自動車

III
身体と環境

第 10 章　見かけに騙されるな──身体の中身

10-1　ダイエットの真実──身体組成と機能

　現代社会で頻繁に用いられる**ダイエット**（diet）という言葉は，もともとディアイタ（diaita）：英語の way of life を意味するギリシャ語で，これがラテン語の diaeta を経て名付けられたものである．したがって，ダイエットの語源は「養生」を意味し，痩身などではない．この語源にさかのぼれば，ダイエットは運動と食事のバランスをとることによって得られる健康ということができる．ここでは，運動と食事のバランスの結果として現れる身体組成についてみていくことにする．

　私たちヒトの身体は，さまざまな組織から成り立っている．スポーツ科学や健康科学の分野で一般的に用いられてきた評価方法は，全身体を脂肪組織（**体脂肪量**（somatic fat volume））と脂肪組織以外（**除脂肪体重**（leam body mass））に区分する 2 成分モデルである（図 10-1）．脂肪組織は主に皮下脂肪と内臓脂肪に分けられ，除脂肪組織は骨，筋肉，細胞内外液などによって構成されている．身体組成の中には，骨長など遺伝に影響を受ける組織と，骨格筋や体脂肪など生活習慣やトレーニング

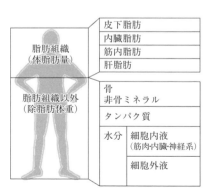

図 10-1　ヒトの身体組成

によって大きく変化する組織とが混在する.

　身体組成は，たとえば肥満，骨粗鬆症，**サルコペニア**（sarcopenia）などの健康問題や，さまざまなスポーツ，たとえばボクシングや柔道などの階級制スポーツ，長距離走やクロスカントリースキーなどの持久性スポーツ，新体操やシンクロナイズドスイミングなどの美を争う競技のパフォーマンスに大きく影響する.

　体脂肪には主に2つの役割があり，1つは中枢神経系や臓器などの代謝機能を支える**必須脂肪**（essential fat）である．この必須脂肪量には性差があり，男性は体重の約3%に対し，女性は約4倍の約12%である．女性の必須脂肪量が多いのは，乳房や臀部などの女性特有の生理機能を維持するためと考えられている．役割のもう1つは，身体全体の脂肪から必須脂肪を除いた「貯蔵脂肪」である．これには性差がなく，平均的には男女ともに約12%と報告されている．この貯蔵脂肪が過剰に増加すると，メタボリックシンドロームのようなさまざまな疾患につながる可能性がある.

10-2　フィット or ファット──体脂肪率と肥満

　肥満（単純性肥満）とは，身体を介したエネルギー収支のバランスが過度にプラスに傾いた結果として，過剰な体脂肪が蓄えられた状態をいう．これまで，身体の形態を表す指標としてさまざまな指数が提示されてきた．たとえば，標準体重：（身長(cm) − 100）× 0.9，比体重：（体重(kg) ÷ 身長(cm)）× 100，乳幼児向けのカウプ指数：体重(g) ÷ 身長^2(cm) × 10，児童・小・中学生向けのローレル指数：（体重(kg) ／ 身長^3(cm)）× 10000000，BMI：体重(kg) ／ 身長^2(m) などである．これらは，簡便に測定できる身長と体重をもとにした指数であるが，身体の中身，つまり組成を推定するものではない．相撲力士や柔道選手のように，体重が重くても肥満ではないフィットの状態や，逆に一部の若年女性のように外見は細くみえても体脂肪（ファット）量が多い，「隠れ肥満」である場合もある．肥満かどうかを判断するには，体重に占める脂肪の割合：体脂肪率が問題となる．体脂肪率が男性で20%以上，女性で30%以上を肥満とするのが一般的である.

図 10-2 ヒトの肥満型：りんご型と洋なし型

ただし，体脂肪率が同じ肥満でも，体脂肪分布によって体型が異なる（図10-2）．腹部を中心に脂肪が蓄積しやすい上半身型の肥満（通称りんご型）は，下半身型の肥満（通称洋なし型）に比べて，糖代謝や脂質代謝の異常あるいは高血圧症などの危険が高まるという．若年男性では体脂肪の約8割が皮下組織に，残りは内臓脂肪として腹腔内の腹膜に蓄積している．中年以降に腹部が徐々にせり出すのは，腹部の皮下脂肪ではなく内臓脂肪が増加するためである．この内臓脂肪の蓄積は女性よりも男性に多く，また加齢によって男女ともに増加することが報告されている．内臓脂肪の蓄積状態は，ウェストとヒップの周囲径の比で推定できる．このウェスト／ヒップ比と内臓脂肪は有意な相関関係にあり，周囲径の比が男性では95％，女性では85％を超えると上半身型肥満の予備軍とみなされる．

ところで身体の作業を軽減，つまり楽にするという20世紀後半の機械化は，作業が省力化されて生活が楽になった反面，日常の身体活動だけでは，ヒトの動物としての健康を保てない社会となった．換言すれば，非常に低い活動量で維持される現代の生活で，食事を従来と同じだけ摂っていれば余分なカロリーは脂肪として体内に蓄積されるのは当然である．こういった肥満を嫌う一部の若年女性が細くみせるために食事の量を極端に制限すると，外見は細くみえても筋肉も細く脂肪が多い，いわゆる隠れ肥満となってしまう．本書で指摘しているように，筋肉と骨は，適切な刺激を与えないと，質と量ともに十分に発達しないので，運動が不足している隠れ肥満の人たちの筋肉と骨は一般に貧弱である．大切なことは，食事によって適量の栄養を摂り，しっかり適切な運動をしてフィットした身体をつくることなのである．

10-3 肥満の引き金——遺伝と環境

肥満の原因については，主に次の4要素が考えられている．遺伝，過食，運動不足，摂食パターンである．一卵性双生児を対象とした研究によれば，太り

やすさに貢献する遺伝の度合いは3割程度と報告されている．つまり，太りやすさは遺伝の影響を受けるものの，それ以外の環境因子である食事や運動によって決定されているといえるのである．

では，過食はどうして生じるのであろう．1つ目は，ストレス解消のための食行動である．これは，多くの人が認めるところであろう．2つ目は，血糖値を一定に保つ機能が壊れることにある．正常な人は，食後に視床下部にある腹内側核（いわゆる満腹中枢）が刺激されることによって満腹感を感じる．肥満の人は正常な人よりも血糖値が高く，満腹感を感じにくいという．一度太り始めると加速して肥満となる原因の1つと考えられる．3つ目はインスリンであり，肥満者の多くに分泌過剰が認められている．インスリンは血糖値を下げる作用があり，脳の空腹中枢（摂食中枢，視床下部外側核）を刺激して食欲を増加させる．

ここでいう運動不足は，単に運動が足りない状態を指すのではない．現代の生活の中で，運動をなかなか日常に取り入れられないと，必要な栄養摂取量を自覚する能力が損なわれてしまう．また，運動不足は，血糖値を下げる働きのあるインスリンの効果を鈍らせ，加えてインスリン分泌過剰をもたらし，結果的に過食につながるのである．加えて，筋量維持のための刺激も少ないため，筋量が減少し，安静時エネルギー代謝量が低いレベルで保たれ，脂肪が蓄積しやすい条件が作り出される．運動不足の身体は，こうしてさらに太りやすい状態に陥るのである．

逆に適度な運動は，それに適合した摂取エネルギーを決める能力を高めるという．ただ，適度な運動であっても，その後にアルコールを摂取すると，節度ある摂取エネルギーの決定能力を損なうため，要注意である．また，適度な運動実施後の回復期には，エネルギー代謝量が高いレベルで維持され，身体全体の代謝が活発になる．

10-4　すっきり軽やかに──肥満解消法

身体活動によって消費するエネルギーは，身体内の炭水化物や脂肪の分解によって獲得される．脂肪1gの分解によって得られる発生エネルギーは約9kcal

である．したがって，脂肪 1kg は 9000kcal のエネルギーになるが，ヒトの筋肉の機械的効率（仕事／エネルギー消費量）が 20％程度であることを考えると，1/5 の 1800kcal が身体外部に出力される機械的仕事となる．脂肪は糖質と異なり，有酸素性代謝（TCA 回路，第 5 章）によってのみ分解することができ，分解に必要な酸素量も糖質に比べて多い．このために，運動強度が低く，運動継続時間が長い（つまり有酸素運動：エアロビクス）ほど，脂肪がエネルギーとして使われる割合が高まることになる．

運動中にとくにエネルギーを消費するのは筋肉である．筋量の多い人ほど消費エネルギーは多くなるので，エネルギー消費量には個人差が生じる．ウォーキングの場合，平均すると 1 分間あたり約 3kcal のエネルギーを消費するので，9000 kcal を消費するためには 50 時間以上歩き続けなければならない．加えて，運動中に使われる基質は脂肪だけではないので，1kg の脂肪を減らすためにはさらに長時間の運動が必要になる．これだけを考えると非現実的であるが，私たちは生物としての機能を保つための基礎代謝量があり，運動としてのウォーキング以外にも，日常生活の中で階段を上り下りしたり，椅子から立ち上がったりといった運動を行っているので，50 時間も歩かなくとも脂肪が適度に消費されるのである．体脂肪を燃焼させるには，運動強度を上げすぎないで，できるだけ多くの化学的エネルギーを使うことが基本といえる（表 10-1）．

体脂肪を減らすためには，食事の内容をコントロールすることも必要であるが，これは必ずしも食事の量を減らすことを意味しない．食事の量が少なすぎたり内容が偏ったりした場合，身体を構成するタンパク質が分解され，筋肉量が低下する．脂肪を消費する役割をもつ筋肉の減少は，結果的に脂肪の減りにくい状態をまねく．効果的な脂肪減少のためには，筋力トレーニングも行い，筋肉量を適度に維持することが大切となる．また，食事量の過度な制限や食事内容の偏りは，貧血や骨・皮膚の代謝の低下などの悪影響を及ぼす．健康的な減量のためには，1 日のエネルギーバランスのマイナス分は 1000 kcal 以内に留め，減量ペースは 1 カ月あたり 2kg を上限とする．極端な計画による短期間の減量は，必ずリバウンドをともなうことを心に留めておこう．

また，食事の回数やタイミングも太りやすさに影響を及ぼす．決まった量を 1 回で摂った人に比べて，同じ量を数回に分けた人のほうが肥満になりにくい．

表 10-1　日常生活活動と運動強度の目安（香川 1998）

	エネルギー代謝率	エネルギー消費量（kcal/kg/分）	
		男	女
歩行（普通の速度）	2.1	0.057	0.053
ゴルフ（平地）	3.0（2.0-4.0）	0.073	0.068
サイクリング	3.4	0.080	0.074
卓球	5.0（4.0-7.0）	0.108	0.100
テニス	6.0（4.0-7.0）	0.126	0.117
水泳（遠泳）	8.0（6.0-10.0）	0.161	0.149
ジョギング（160m/分）	8.5（7.0-10.0）	0.17	0.157

＊エネルギー代謝率（RMR: Relative Metabolic Rate）＝活動代謝量と基礎代謝量の比．（　）内は範囲を示す．

食事のタイミングとしては，日中の活動期よりも夕方から夜にかけての休息期のほうが太りやすい．これは，胃や腸からの吸収能力に，回数やタイミングで差が生じるからである．夕食で，晩酌とともに摂るご馳走には注意する必要がある．

10-5　身体スキャン──組成測定法

身体組成の研究法としては，水中体重秤量法，安定同位体希釈法，全身カリウム法，空気置換法，DXA 法（二重エネルギーX線吸収法），X 線 CT 法，MRI 法（核磁気共鳴画像法），超音波画像法，生体電気インピーダンス法など

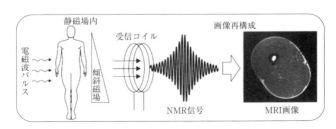

図 10-3　MRI 法の原理（高橋・平野 2014）

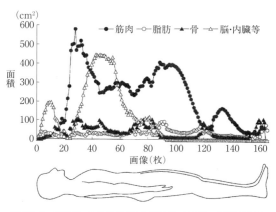

図10-4 MRIによる身体組成面積例（高橋・平野 2014）

があげられる．ただ身体の構造が複雑であるため，身体組成の各成分を詳細に分けて精度よく測定するのは，きわめて困難であるといえる．現在，研究ではMRI法やX線CT法をスタンダードとし，臨床的にはDXA法が一般的に用いられている．MRI法では，画像から筋肉・脂肪・骨などを同定し，それぞれの横断面積を求めることができる（図10-3）が，個々の組織の区分け作業にかなりの労力が必要となる．DXA法は，放射線源に2種類のX線を用いることにより，全身および局所の体脂肪組織・骨組織・除脂肪軟組織を区別して定量できる．ただ，DXA法は除脂肪組織の水分含有量を一定とする点が問題であり，筋量変化に対する感度が低いといわれている．これらのMRI法，X線CT法，DXA法は，全身を対象に測定が可能となっている（図10-4）．

　身体組成の研究分野では，体脂肪量の推定について4成分モデルが提唱されている．最も一般的なのは，①体重＝脂肪＋水＋骨ミネラル＋残余物というモデルである．この方法による身体の体積モデルは，②身体体積＝脂肪/0.9007＋水/0.9937＋骨ミネラル/2.982＋残余物/1.404となり，係数は既知で一定の密度を仮定している．この両式①と②を統合して，体脂肪量＝2.531×身体体積－0.739×体水分＋0.947×骨ミネラル－1.79×体重として，体脂肪量を推定することができる．身体体積は水中体重秤量法，体水分は重水素希釈法，骨ミネラルはDXA法で求めることができる．また，DXA法を用いずに体水分法

と水中体重秤量法を用いた3成分モデルでもかなり精確に推定ができるといわれている．

これらの研究で用いられる方法は高い精度で測定できるが，測定装置が非常に高価である．これに対して，**電気インピーダンス法**（bioelectrical impedance analysis）は安価で一般に広く用いられるようになってきている．身体組成を体脂肪量と除脂肪量の2成分としたとき，電気伝導性の観点から，水分をほとんど含まない脂肪組織は伝導率が低い非伝導体であり，逆に水分を多く含む除脂肪組織は伝導率が高い良伝導体とみなすことができる．そして，身体の腕や脚といった各セグメントを単純な円柱と考えて，一様な横断面積と伝導率をもつ円柱モデルと仮定することで，各組織の長さが同じで横断面積と伝導率が異なる2つの円柱の並列集合体とみなす．このモデルを電気回路的に並列等価回路へと置き換える．そして，身体に微弱な高周波電流を流すと，並列円柱組織では通電性に優れた除脂肪組織に支配的感度をもつ生体電気インピーダンス情報が得られる．この情報に対して，選択対象組織を基準とする定量測定技術で較正することで，身体組成が推定できる（図10-5）．このインピーダンス法は電気抵抗をもとにしているので，測定部分の手のひらや足裏の状態を一定（汗をかいていないなど）に保つことによって測定値の精度を上げ，再現性を高めることができる．

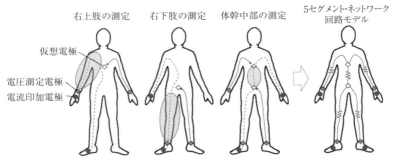

図10-5 インピーダンス法の例（Ishiguro *et al.* 2005: Tanaka *et al.* 2007 より引用改変）

★進化豆知識　ヒトに残る進化の軌跡——器官と恒温性

　私たちヒトの骨格は生物の進化の過程で獲得されてきたものである．ユーステノプテロンが陸の上についたときの胸びれは，やがて陸を歩く動物の前肢に，腹びれは後肢になった．ユーステノプテロンの胸びれは，彼らが生きていた頃から3億年以上の時を経て，現在にも受けつがれている．たとえば，ヒトの前腕の骨も，彼らの胸びれとよく似た骨の配置をしており，同一の起源をもつ器官であると考えられている．

　ユーステノプテロンの胸びれとヒトの腕は，形や役割は異なるが，起源が同じである．このような器官を**相同器官**（homologous organ）と呼ぶ．この他にも，猫の前脚，コウモリの翼なども相同器官にあたる．また，風に乗って空を飛ぶという目的のため，コウモリは翼を，昆虫は翅をもつ．彼らのもつそれぞれの器官は，役割は同じであるが，起源は異なる．このように，形や役割は似ているが，起源が異なるものを**相似器官**（analogous organ）と呼ぶ．

　また，生物の進化の中で，ヒトの身体では退化し，痕跡として残った器官もある．たとえば眼の結膜の半月ひだは，カエルなどがもつ瞬膜の名残である．カエルの目元では瞬膜は折りたたまれており，水中にもぐるときに引き上げられる．瞬膜は透明であるゆえ，水中でもものをみることを可能とし，また陸上では眼球の乾燥を防ぐという大切な役割を担っている．また，犬歯や尾骨なども動物にとって大切な役割を果たしていたが，ヒトに進化する中で使われなくなった器官であり，このような器官を**痕跡器官**（vestigial organ）という．私たちの身体にある進化の落とし物のような器官からも生物たちが進化のつながりのなかにあり，長い時間を経て現在の姿になったことを思い出すことができる（図1）．

　ヒトの体を覆う体毛も，哺乳類の進化の過程について教えてくれるものの1つである．哺乳類の体表を覆う体毛と，恒温動物としての体温調節の機能は，哺乳類の繁栄を後押ししてきた．恐竜が猛威をふるっていたジュラ紀，私たち哺乳類の祖先は，恐竜の眼を避けて活動する必要があっただろう．爬虫類である恐竜は変温動物であり，外気温が下がる夜間は，体温も低くなり基本的に活動できない．多くの哺乳類が夜行性だったと考えられており，太陽が沈み，気温が下がった夜間でも活動することを可能にしたのが「恒温性」であった．哺乳類の体表を覆う体毛は，体温を保持する役割をもち，夜間のみならず寒い地域などでも生きていくことの手助けをし，やがて来る恐竜絶滅後の地球上でも哺乳類の多様化を促したと考えられている．また，夜間に行動するため，哺乳類たちの中には，眼の網膜の裏側に「タペータム」と呼ばれる器官をもった動物もいた．網膜を通過した

156　　第10章　見かけに騙されるな——身体の中身

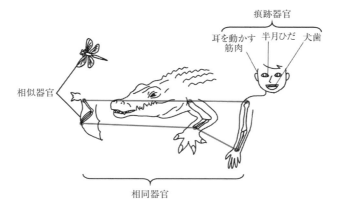

図1 相同器官，相似器官と痕跡器官

光を反射させ，網膜にもう一度光を送り込むことで，暗闇の中でものを見やすくすることを可能としたのだ．やがて恐竜が全滅すると昼行性の哺乳類が現れ，進化の中でタペータムを失った種も多くいた．

第 11 章　適応力を磨け！──さまざまな環境への適応

11-1　暑さを味方に──暑熱環境への適応

　夏季五輪はもちろん，陸上競技の世界選手権などは真夏に行われることが多い．競技の様子をテレビ放送でみていると，暑さにバテてしまう選手をよく目にする．競技選手ではない私たちも春や秋には軽快にジョギングできるコースが，夏は汗だくでへとへとになった経験があろう．このような暑さに対する対策は，競技スポーツのみならず健康のためのスポーツを行うときも，考慮しなければならない課題である．

　体温は，体内で作り出される熱産生量と，体外に放出される放熱量のバランスによって決まる．春・秋など快適な気温の季節に運動すると，皮膚血流量の増加と発汗により，体内で産生された熱は適切に体外に放出される．しかし，夏のような高温環境下では，直射日光や地面からの反射によって受ける熱も加わり，体内から放出される熱よりも，蓄積される熱のほうが多くなる（図 11-1）．さらに，無風に近くそして多湿の場合は，汗が蒸発しにくく気化熱として熱が体外に放出されにくいため，必要以上に体内に熱がこもってしまう．

　陸上競技のスプリント種目は短時間で終了するので，暑熱環境のほうがむしろパフォーマンスが高くなることが多いが，長時間運動である長距離トラック種目やマラソンでは，**暑熱環境**（hot environment）の影響がきわめて大きい．暑熱環境による持続運動のパフォーマンス低下は，脱水による循環血流量の低下，筋肉自体の代謝機能の低下，中枢神経の疲労などが原因と考えられている．陸上競技の長距離トラック種目のように，走動作を連続して行う場合だけでは

なく，ダッシュを繰り返すサッカー，バスケット，ラグビー，ホッケーなど間欠的高強度の運動様式でも，暑熱環境によってパフォーマンスが低下することが報告されている．

では，暑さにはどのように対策したらよいだろうか．1つは長期的なトレーニングによって，身体を馴化させることである．

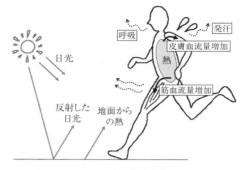

図11-1 暑熱環境に対するヒトの対応

暑熱馴化（heat acclimation）による生体の反応としては，代謝熱が深部から体表面に移ることによる皮膚血流量の増加，皮膚や筋肉への血液の適切な配分，発汗開始の早まりによる発汗量の増加と，発汗による効果的な体温低下などがある．また，汗の食塩濃度が低下することで血液中の電解質濃度を一定に維持でき，汗による体内の鉄分喪失を減少させる反応などがあげられる．

運動による発汗は血液濃度を高めるが，それを補うために筋肉中から血液に水分が移動する．その結果，筋肉の活動能力が低下する．これを総称して**脱水**（dehydration）というが，脱水により，循環血流量の減少，心臓の1回拍出量の低下，酸素運搬能の低下などがおき，運動のパフォーマンスが低下する．脱水対策にはもちろん水分補給が効果的である．口から飲む水分は胃を通過して腸で体内に吸収されるが，冷たい水（約5℃まで）のほうが胃を速く通過する．タイミングとしては，喉が渇く前から，少量ずつ定期的に水分摂取する．飲料水としてはスポーツドリンクが推奨される．この水分摂取の程度には個人差があるので，尿の量や色（濃い黄色かどうか）などを目安に，体調も考慮しながら個別対応する必要がある．

暑さ対策の心構えとして，①とくに発汗を促すようないわゆる「減量スーツ」の着用は止めて，通気性のよいウェアを着用する．②冷却ジェルや氷などを準備して，身体を冷やす工夫をする．また，③競技やトレーニングなど運動を行っていない休息期には，エアコンの効いた涼しい部屋で休むようにし，食事ではビタミンやミネラルを補給するようにする，などがあげられる．

11-2 寒くても強く——寒冷環境への適応

　前述した暑熱環境とは逆に，寒冷環境で行われるスポーツも多々ある．スキーやスケートの冬季スポーツはもちろんであるが，正月にトーナメントの決勝戦が組まれるサッカーやラグビー，また新年の風物詩ともいえる駅伝も，寒冷環境への対策が必要である．

　寒冷環境（cold environment）下では，体温よりも外気温度のほうが低くなるために，放出される熱量が多くなり寒く感じる．寒い冬にトイレで小水を放出した後に身体が「ブルッ！」とふるえるのは，小水による体熱放出に対して筋活動によって体温を上げようという生理作用である．これと同じ効果として，寒冷環境下での運動は身体の保温のために筋活動を起こし，そして酸素摂取量が多くなる．

　暑い夏のスプリント種目はパフォーマンスを低下させないが，逆に寒い冬はパフォーマンスを低下させる傾向にある．このような環境でこそ，いわゆる「減量スーツ」のような保温効果のあるウェアを着てウォーミングアップを行い，体温を上げておく必要がある．また，寒冷環境では，条件によってスポーツスキルに大きく影響することもある．ゴルフを例に説明すると，全力で行うフルショットのようなグロスモータースキルでは寒さはそれほど影響しないが，アプローチやパットなどのファインモータースキルの場合，寒いと手指が凍えてパフォーマンスに影響する．したがって，冬のラウンド，とくにグリーン周りのショットでは，指先が冷えないような工夫が重要ということになる．

　寒い環境での長期的な適応として**寒冷馴化**（cold acclimation）がある．この生理反応としては，皮膚血管の反応により皮膚血流量が減少して熱放出量が減る．また，ふるえが始まる体温の閾値が高くなり，早めに熱産生反応が起こるようになる．さらに，耐寒性や体温調節能の変化が得られるという．

　寒冷下であっても運動すると発汗するので，運動時の汗を吸収して外に逃がし，皮膚表面には汗が残らないといった，体内の熱を換気するようなウェアの着用が望ましく，繊維素材の選択や重ね着の仕方などを工夫しておくことが重要となる．また，手袋着用は必須であるが，山スキーの途中で手袋を脱いで作業すると，一瞬で指先温度が低下する．したがって，できるだけ手袋を着用し

たまま作業するよう心掛けなければならない.

また冬には, 体調管理も気をつけなければならない. 風邪にかからないようにする, つまりウィルスを体内に入れないために, マスク, うがい, 手洗いなどを頻繁に行い, 汗をかいた後はすぐに着替えることが重要になる. さらに, 食事で糖質や脂質の適切な摂取にも配慮しておきたい.

11-3 高所で強くなる秘密——血液とトレーニング

海抜 Xm という, 海面からの垂直の高さ, つまり高度が上昇すると, 空気密度が低下して, 酸素分圧と気温が低下してくる. こういった高所で運動する場合には, 酸素の確保と体温の保持がパフォーマンスに影響する. 山登りのように, 高所での比較的低い強度の運動では, 呼吸数, 心拍数が増加する. 一方, 高所での激しい運動では, 最大酸素摂取量が著しく減少する. これに適応できない場合は, 頭痛, 倦怠感, むくみ, 息切れ, 吐き気など急性高山病の症状が現れる. これらの症状が現れたときには, 悪化しないうちに速やかに下山する必要がある.

逆に, 身体をこのような負荷のかかる環境において, それに適応する身体を作り上げることで, マラソンのような持久性スポーツの能力を高めようとする試み：**高所トレーニング**（high altitude training）がある. 長期間の高所滞在は, 赤血球, ヘモグロビン濃度, ヘマトクリット値を増加させ酸素運搬能力を向上させる. 加えて, 毛細血管の増加, 呼吸数や心拍数の減少が認められ, LT の増大など, 高所での低酸素に対する適応が生じる. しかし, このような高所馴化には個人差があるので, あらかじめ平地の低圧実験室などで, 個人の特徴を調査し, 高所でのトレーニングや体調管理に応用するようにしたい. また, 高所では一般に大気が乾燥しているために, 蒸発によって水分が奪われやすく, 脱水症状を引き起こしやすいことも注意すべき点である.

ところで, 身体を循環している**血液**（blood）の重さは, ヒトでは体重の約 1/13 を占める. 血液は, その約 55% が液体成分（**血しょう**（blood plasma）), 残りの約 45% が個体成分（**赤血球**（erythrocyte), **白血球**（leucocyte), **血小板**（thrombocyte))で, それぞれの成分が体内における物質の運搬や, 生体防御, 水分や

体温の調節など，恒常性の維持などに大切な役割を果たしている．鉄を有するヘモグロビンは赤血球に含まれ，酸素と結合し（酸化），鮮明な赤を発色する．血液を赤くみせる要素であるヘモグロビンは，ごく一部の脊椎動物の赤血球に含まれる呼吸色素であり，酸素や二酸化炭素を運搬する働きをもつ．ヘモグロビンは肺胞などの酸素分圧の高いところでは酸素と結合し，酸素分圧の低い組織の細胞などでは酸素と解離して酸素を受け渡す（表 11-1，図 11-2）．

血しょうが毛細血管からしみ出て，組織を取り巻くと**組織液**（tissue fluid）と呼ばれる．組織液は，血液によって運ばれてきた酸素，栄養分，ホルモンなどを受け取って組織の細胞へ供給し，細胞内に生じた老廃物や二酸化炭素を受け取る．組織液の大部分は再び毛細血管に戻るが，組織液の一部がリンパ管に流れ込んだものを**リンパ液**（lymph）という．リンパ液には白血球の一種であるリンパ球が含まれ，リンパ球は免疫に関与する．

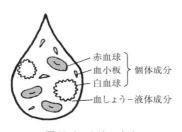

図 11-2　血液の成分

表 11-1　血液の組成

		特徴	主な働き
個体成分 血液全重量の 45%	赤血球	円板形・無核	ヘモグロビンを含み，酸素を運搬
	白血球	球形・有核	ウイルスや細菌などの病原体を分解し，免疫などに関与
	血小板	不定形・無核	出血した血液などを固め，血液凝固に関与
液体成分 血液全重量の 55%	血しょう	液体 粘性があり，淡黄色	物質の運搬，血液凝固，免疫に関与

　最大酸素摂取量は，血液中の酸素含量と密接に関係する．酸素含量は血液中のヘモグロビン濃度に関係するため，最大酸素摂取量を増やすには赤血球数やヘモグロビン濃度を増加させることがポイントとなる．長距離マラソンなど持久力が必要とされるスポーツ競技では，いかに効率的に呼吸を行い，エネルギーを産出できるかが鍵となるが，低酸素環境での高所トレーニングは，腎臓か

ら造血ホルモンであるエリスロポエチンの分泌を促す．このホルモンは，骨髄における赤血球の生産を促す作用があり，その結果として赤血球が運ぶ酸素量が増加する．

酸素が希薄な高所では，酸素分圧が低下し，ヘモグロビンの酸素飽和度は低下する．このような低酸素環境での活動によって，ヘモグロビンの増加という適応を導こうとするのが高所トレーニングであるが，極度な高所でのトレーニングは，身体への負担が大きく，また走スピードをあまり上げられず，逆効果になることもある．このようなことを考慮して，日常生活は標高 3000m 級の高所で，トレーニングは標高 1000 〜 1500m の中程度の高所で行うという，いわゆる「Living high, Training low（LH/TL）」という方法が一般的になってきている．

現在では LH/TL だけでなく，LH/TH や LL/TH などさまざまなパターンが試みられている．その理由として，鹿屋体育大学の山本正喜教授は，高所トレーニングの効果が個々人で大きく異なること，そして同じ選手でも高所の滞在回数などで異なることを指摘している．山本教授は，高所トレーニングの効果を高めるために，選手に対して過負荷と個別性を重視し，動脈酸素飽和度を指標に長期・短期で臨機応変に対応することを推奨している．

ただ，わざわざ高所に移動せずに，平地にいながらにして高所トレーニングの効果が得られるような，酸素の濃度を調節できる低酸素ルーム（たとえば国立スポーツ科学センター（JISS）の宿泊施設）も備えられてきている．ヒトの身体は環境に適応しようとするが，高所トレーニングは，その適応を意図的にうまく利用しようという試みなのである．

11-4　ストレスをバネに──運動による対処法

私たちが生きている現代社会には，仕事，勉強，人間関係などさまざまなストレスがある．自己防衛のためのものといえるストレスに対する生体反応の中には，免疫機能の変化がある．免疫は，ヒトの身体に細菌などが入ろうとしたときに働いて，それを防ぐ防御機能といえる．ストレス環境に長い間いると，この免疫力が低下し，風邪を引きやすくなったりする．また，ストレスが冠動

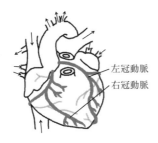

図 11-3 心臓と冠動脈

脈疾患を引き起こす可能性も高まる．普通は，運動不足によりHDL（High Density Lipoprotein, 高密度リポタンパク質）/LDL（Low Density Lipoprotein, 低密度リポタンパク質）コレステロールのバランスが崩れ（HDLの減少），冠動脈（図11-3）の血管壁にコレステロールが付着し，付着量が低度の場合は狭心症，コレステロールによって血管が塞がれた場合は心筋梗塞を引き起こす．この状態が脳で起こると脳梗塞となる．こういった症状が運動不足やバランスの悪い食事だけでなく，ストレスによって生じるというのである．

このストレスの解消法は人さまざまであり，一般に，飲酒，友人とのトーク，ショッピングなどがあげられる．これらの他に最近注目されているのが運動やスポーツで，ストレスに対する「抗うつ効果」と「抗不安効果」があることが明らかにされている．

ストレスも一因となり得る「うつ病」に対して，カウンセリングとともにジョギングのような運動を併用すると，うつ状態に改善が見られるという．運動やスポーツを行うことによって，気分の落ち込みや憂うつな感情を防止することができるのである．さらに，試験会場や面接会場に行くときは不安でいっぱいになるのは一般によく経験することである．状況によって生じる一過性の不安や，あがり症あるいは緊張症といった個人がもつ不安感情に対して，運動やスポーツには，抗不安効果があるという．

ストレス解消のためには，筋力トレーニングよりもジョギングのような持久的な運動がよいと報告されている．ジョギングの後に爽快感を感じたことのある人は多いと思うが，これは「ランナーズ・ハイ」と呼ばれ，運動によって血液中に放出されたβ-エンドルフィンによってもたらされると考えられている．筆者も原稿執筆が進まないときや人間関係で悩んだときはジョギングをすると爽快になり，感情がリセットされることを自覚している．その他にも，運動が脳内セロトニンに影響を与えて，抗うつ剤の代わりとしての効果を発揮する可能性があると推測されている．

★進化豆知識　郷に入っては郷に従え——適応放散と収斂

　地球上で動物は，環境への適応を繰り返し，その結果多様な種が生まれてきた．ある動物の周りにさまざまな環境が広がっていたとしよう．仲間のあるものは，木の生い茂る森へ，あるものは土の中へ，またあるものは太陽の照りつける砂漠，陸地を離れて海の中，寒さの厳しい極寒の地へ……．それぞれ別々の環境へ進出し，その環境に合わせて体は変化するだろう．その結果，たとえば森で生活するものは，木から木へと軽やかに移動するため，皮膚からできた皮膜をマントのように使って滑空したり，尻尾を長くして木につかまったりする可能性がある．海の中に入ったものは脂肪をつけて体温を保ち，浮力を獲得するだろう．このように，ある系統の生物が環境に対応して分化し，異なる子孫群を生み出すことを**適応放散**（adaptive radiation）という．

　齧歯目の祖先であるパラミスの適応放散を例にみてみよう．皮膚の一部がマントのように変化して滑空を得意とするモモンガが現れた．土を掘るプレーリードッグ，泳ぎを得意とするビーバー，砂漠で跳び回るトビネズミ……．パラミスの適応放散の結果，多くの種が生まれたのである．

　また，地球上には，系統が同じでないのによく似た種がみられる．異なる系統が似た形態に進化することを**収束進化**（収れん，convergent evolution）と呼ぶ．たとえば，250万年前から1万年前まで南北アメリカに生息していたスミロドンは，1000万年前から300万年前まで南アメリカに生息していたティラコスミルスととても似ている．有胎盤類のスミロドンと，有袋類のティラコスミルスは，種としての共通祖先は1億3000万年前と考えられており，それぞれが異なる系統として進化したが，とてもよく似た姿をしていたと考えられている．

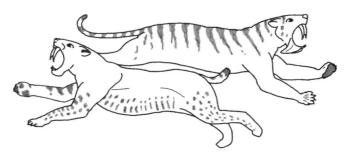

図1　スミロドン（左）とティラコスミルス（右）

終章　スポーツ生理学とバイオメカニクスの夢

12-1　文化として昇華していった走

　歩や走動作は，教わらなくても成長にともなって自然にできるようになる系統発生的運動と定義できる．一方，教わらなければできない個体発生的運動は，たとえば「ボール投げ」や「箸の使い方」がそれに当たる．人類の誕生以来，ヒトは移動できなければ生存が危うくなったと考えられるので，歩と走は生きていく上において必須の運動であった．獲物を追いかけるときや外敵から逃げるとき，あるいは戦国時代においては，攻めるときも守るときも，走は必ず生き延びるための基本にあった．同時に，古代ギリシアの「オリンピア競技」の頃から，走は競争という文化としてもとらえられた．したがって，ヒトは生きるためだけではなく，切磋琢磨しながら，走る技術や能力を向上させてきたのである．

　ところで，ヒトよりも脚が速い野生の動物はたくさん存在する．たとえば，四足動物で走行速度が最も高いとされるチータは100mを3秒でかけ抜ける．しかしながら，チータは，年々記録を更新するということはない．なぜなら，野生動物の間には淘汰があっても，互いに切磋琢磨しながらより速く走るためにはどうするかという「競争」がないからである．したがって，もしヒトが走を文化にまで昇華させず，原始のままの生活をしていたとしたら，おそらく100 mを9秒台で走ることはなかったであろう．

　100m走の最初の公認記録である1912年の10秒6（ドナルド・リッピンコット選手，アメリカ）から，2009年の9秒58（ウサイン・ボルト選手，ジャマイ

カ）まで，世界記録は1世紀で1秒，距離にすると約12m速くなった．この要因として，次のようなことが考えられる．①素質のある選手の発掘，②科学をもとにした効率的な練習・トレーニング，③走路の改良など競技環境の整備，④社会的・経済的な環境の変化などである．100m走で，人類が初めて10秒の壁を破ったのは，1968年メキシコ五輪のジム・ハインズ選手（アメリカ）で，9秒95である．ひとたび「壁」が突破されると，世界記録は年々更新された．一方，日本記録は1980～90年代にかけて急速に向上し，1998年伊東浩司選手がバンコク・アジア大会で10秒00を記録した．それから19年後，日本のスプリンター，桐生祥秀選手が10秒の壁を突破した（9秒98）．9秒台に迫るタイムは相次いで記録され，日本のスプリンター全体の底上げが進んだ．その成果は，北京五輪とリオ五輪400mリレーの銀メダル獲得（含，世界選手権）で結実した．これにはさまざまな要因があげられるが，科学の貢献もその大きな1つだということを指摘しておきたい．

12-2　生理学とバイオメカニクスの研究史

　100m走の世界記録更新にみられるような身体の適応能の変化を，身体の出力と入力で解き明かそうというのが，運動生理学である．運動生理学とは，ヒトが運動したときの出力と，運動することによって生じる入力としての身体内の変化のメカニズムの両者を合わせた生体現象の科学といえる．出力としては，骨格と骨格筋による力・仕事・パワーであり，それを制御するのが脳・神経系である．そして，運動継続のための内臓や血液循環はエネルギー供給系に属する．一方，入力としての身体は，動くことによって，それぞれの組織や器官が活動水準を高め，運動継続に適合していくことといえる．この規範をスポーツに当てはめて考えようとするのが，スポーツ生理学である．

　研究の歴史をたどると，もともと人体の機能を研究する生理学は，人体の構造・形を研究する解剖学とは対立する分野として存在していた．解剖学の先駆者として，ルネサンス期にその才能を遺憾なく発揮したダ・ヴィンチがいる．彼は，美術や建築に留まらず，身体の解剖学知識の基礎を作り上げた偉大な研究者の一人である．同じくイタリアに生まれたボレリは，解剖学をもとに動物

の運動を解明することに力を注いだ.

そして,対立する形態と機能すなわち解剖学と生理学を同時に追求し,複眼的な見方をすることで,多くの研究成果があげられた.たとえば,ハックスレイの滑走説は電子顕微鏡による解剖学的所見に機能の発見が重なってまとめられたものである.クローが筋肉の毛細血管の解剖学的研究をもとに,筋肉が使用されるとそれが変化することを発見したのも然りである.ハーベイが動物の心臓を調べ,血管を追っていくと,心臓から出た血液は血管を通って身体をめぐり,これが再び血管によって心臓に戻ってくるという法則を発見したことも両研究分野の融合によるものであった.また,空気が生命にも燃焼にも必要であることを発見したボイルや,顕微鏡で細胞をとらえ,発見した弾性の法則が骨や筋肉にも適応されると唱えたフックなど,多くの研究者たちの偉大な発見の上に,生理学は発展してきた.

一方,身体の動きに関わる力学の歴史をみると,ニュートンが『**プリンピキア**』(『**自然哲学の数学的諸原理**』)として世に発表した基本法則は,その後オイラーによって,ニュートン力学としてまとめ上げられた.運動の法則や慣性の法則,作用反作用の法則などバイオメカニクスの考えの基盤となるものは,このニュートン力学によっている.

解剖学と生理学が統合し,さらにニュートン力学が加わったバイオメカニクスの研究は大きな成果をあげてきた.カリフォルニア州知事を務め,スタンフォード大学の創始者でもあったスタンフォードは,馬が走るときに,その4本の脚すべてが離地している瞬間があるかについて賭けをしていた.スタンフォードの依頼を受け,その瞬間を確かめるため,12台のカメラで,馬の走りを連続的にフィルムに収めたアメリカのマイブリッジの写真では,動きが分解的に示された.これはバイオメカニクス史において重要な出来事となった.時を同じくして,医学者そして生理学者であったフランスのマレーも,生体の運動を記録するため多くの撮影技法を生み出し,飛翔する鳥やヒトの運動を撮影した.

スポーツ生理学とバイオメカニクスの自然科学的統合は,100m走の世界記録更新のように,ここ半世紀の間に急速に進歩した.研究者の努力と測定機器の発展に支えられ,運動しているときの身体内外の様子が詳細に明らかにされるようになった.成果として,筋出力のメカニズムとトレーニング効果,運動

12-2 生理学とバイオメカニクスの研究史 169

を制御する脳・神経系の仕組み，運動を継続するための呼吸循環系の成り立ち，そしてスポーツ選手の動きの研究と解明などがあげられる．現在は，これらの基礎研究をもとにして，競技選手のサポートという応用研究も国立スポーツ科学センター（JISS）を中心に行われている．それと並行して，一般人の健康という観点からも，この分野は多くの指針を発信し続けている．

12-3　研究を残す，見せる，伝える，助ける

　応用研究について，もう少しくわしく説明しよう．基礎研究をもとに，スポーツ選手をバックアップする施設は，世界に数多く存在している．アメリカのナショナルトレーニングセンター，オーストラリアの AIS（オーストラリア・スポーツ科学センター），日本の JISS などである．そこでは，バイオメカニクス，スポーツ生理学，スポーツ心理学，スポーツ栄養学など，多くの研究者たちが専門分野を超えて協力し，動きや栄養の指導・効果的な筋力トレーニングなどを提案・提供して，選手たちを多角的にサポートしている．また，これらの研究成果をもとにつくられたサプリメントやプロテイン飲料，栄養機能食品などは，私たち一般人の生活にも多く普及している．

　また，バイオメカニクス研究（図 12-1）はロボットのプログラミングやシミュレーションに応用され，その研究の功績はもはやスポーツの域には留まらない．映画などのエンターテイメントにおける 3D 映像は，モーションキャプチャシステムで取得された動作データをもとに，映像やアニメーションを重ねてつくられる．その功績は，未知の生物に動きを宿らせるだけではない．最近では，伝統舞踊など歴史を積み重ねて受け継がれてきた文化的財産の保存にも役立っている．継承が難しい日本文化の財産として熟練者の動きを記録し，日本の伝統として受け継ぐ活動も進められている．たとえば，江戸時代の日本人が歩行時に履いていた草鞋を着用した場合の歩行動作を研究し，足のつま先の一部が草鞋から出るという形状によって，身体が前方に移動しやすくなることが解明された．この研究成果は，新開発シューズに応用されるなど，現代人の生活にもたらされている（図 12-2）．受け継がれる伝統や，先人の知恵を現在に蘇らせ，ヒトの身体能力のさらなる可能性を現在に探求するバイオメカニクス

170　　終章　スポーツ生理学とバイオメカニクスの夢

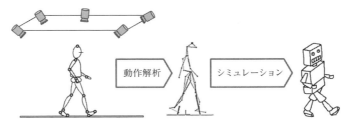

図 12-1 動作解析とシミュレーション

の研究は，過去と現在，未来をつなぐ架け橋であるといえよう．

運動をコンピュータ内で筋・骨格モデルとして模式化し（モデリング），筋力や姿勢などの条件を変化させることによって，そのときに作り出される運動を導く技術をシミュレーションという．数式・計算モデルと物理モデルがあるが，運動中の身体の各部の動きや

図 12-2 「草鞋」から発想したシューズ（ミズノウェーブリバイブⅢ）

性質を入力し，その結果としての運動を求めることを順ダイナミクスという．逆に，動作解析のように動きの結果から身体の各部の動きや性質を計算することを逆ダイナミクスという．

数式モデルや計算モデルを用いたコンピュータシミュレーションで動きを推測するこの技術を用いれば，すでに絶滅した生物の動きや，現状から各種条件が変化した場合の未来の生物の動きを予測することもできる（たとえば，立命館大学の長野明紀教授による人間の祖先のアウストラロピテクス，ルーシーの歩行シミュレーションなどがある）．

物理的な模型である物理モデルでシミュレーションされたロボットは，日に日に私たちヒトに身近な存在になってきている．スポーツの現場において，ロボットが効率的な動きをインプットし，そのデータを正しく再現できたとき，そのロボットは動きの技術を伝授するサポート役となる可能性がある．また練習相手になったり，手本になったり，実現した場合の可能性は，考えられる限りでも多く広がっている．このシミュレーションが発展するほど，ヒトの動き

12-3　研究を残す，見せる，伝える，助ける

のリアルさが求められ，スポーツ生理学の実験で得られる現実のヒトのデータの重要性が増す．まさに，スポーツ生理学とバイオメカニクスの共存・融合である．

12-4　より俯瞰してみたい

　これまで辿ってきたような時間の流れの中で，地球上の1つの祖先から生物は生まれ，進化の系統樹が描かれた．新生代に誕生したヒトは言語を操り，習得した知恵や知識を，文字や言葉として後世に残し，子孫へと伝え受け継ぐことができる．

　私たちの研究活動と成果は，スポーツ現場に関わる人々に限ることなく，いまこの世界に生きている多くの人々に，そして未来を担う子供たちにも伝えらえるべきであろう．現在，全世界においてスポーツ科学は発展し続けており，バイオメカニクス，運動生理学，運動神経学など多くの研究は，スポーツ技術の向上のみに留まらず，体育教育や怪我のリハビリテーション，高齢者のサポートなど，その研究成果はさまざまな場所・場面で応用されている．

　スポーツバイオメカニクスの研究室を活動拠点とする私たちが，次世代に伝える方法や内容は多岐にわたる．筆者らの研究室では，中学・高校生を実験室に招待し，実際にスポーツ選手たちや研究者たちが使用している実験機器を紹介したり，その場で取得したデータを用いて研究手法を説明し，学問としての知的魅力を伝えている．また，小学生など小さな子供たちや，チームの指導者を対象とした講習会を催し，先に紹介したランニングのドリルの実践と，その理論の勉強会を行い，実際に動きながら自然科学に触れてもらうことも重要視している．

　かつて，近代オリンピックの始祖クーベルタン男爵が信じたように，子供たちのスポーツ教育は，身体の発達を助けるためだけではなく，道徳的な要素を強く含んでいる．子供たちがスポーツを通して仲間と切磋琢磨する過程の中で得るものは，かけがえのない経験である．怪我や挫折をする経験によって学ぶことは少なくないが，動きを科学的にとらえる感覚をもつことは，彼らの身体にかかる負担を軽減し，上達に向けての努力をまたいっそう深めることができ

る．動きを知る面白さや，科学の魅力をわかりやすく伝えるのも，私たち研究者の役割の1つである．本書で紹介したスポーツ生理学とバイオメカニクスの魅力は，この先の探求とともに，広まっていくことであろう．スポーツとは，国を超え，人種・民族を超え，世界中の人々の共通の言語である．そのさらなる追求を目指し，筆者らを含む研究者たちは，その研究をさらに進めていきたいと願っている．

付録　地球でともに生きる仲間たち

付録1　今夜はパーティ──いろいろな単細胞生物

　ヒトを構成する細胞の数は，約60兆個にも上る．それに対して，この世界には，たった1つの細胞で体を構成し，生きている生物も数多く存在している．体が1個の細胞からできている生物を単細胞生物という．単細胞生物の仲間には，核をもたない原核生物が多く，真核生物では，原生動物やケイ藻類の仲間などがみられる．

　池の水を採取して顕微鏡で観察すると，原生生物の一種であるゾウリムシ（図 A-1（a））が見つかるかもしれない．ゾウリムシは，大きさは約 $200\,\mu\mathrm{m}$ ほどで，体には特殊な構造が発達している．まず核として，形質決定に関与する大核，生殖に関与する小核がある．動き回るための足となる繊毛で自らの周りに水の流れをつくり，その流れの反作用によって前に進む．餌にありつくと細胞口から体内に取り入れ，食胞で消化し，体外環境と体内環境の濃度差による浸透圧を調節する収縮胞をもつ．単細胞生物であるゾウリムシの体は，ワンルームマンションのように，1つの細胞の中に生命活動を営むために必要な機能を備えている．

　単細胞生物の移動に着目すると，葉緑体を体内にもつミドリムシも，長いべん毛で水の流れを利用して移動する．一歩ずつ踏み込むように，体の一部を伸ばして少しずつ移動するアメーバの仮足など，それぞれが独特の移動方法を獲得している（図 A-1）．

　さて今夜，あなたの家でポットラック・パーティ（持ち寄り会食）を開催す

175

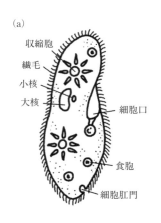

大核：形質決定に関わる
小核：生殖に関わる
繊毛：運動
細胞口：食物の取り込み
食胞：食物の消化
収縮胞：水分（浸透圧）の調整
細胞肛門：排出

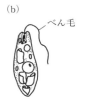

図 A-1 単細胞生物：(a) ゾウリムシ，(b) ミドリムシ，(c) アメーバ

ることになったとして，ご馳走の並んだ食卓を想像してみよう（図 A-2）．風味豊かなチーズや，ふっくらしたパン，そこにはきっと，単細胞生物たちからもたらされた恩恵にあふれているに違いない．乳酸菌が有機物を分解する際，エネルギーとともに乳酸が生じる（乳酸発酵）．この反応を利用して，牛乳から独特な香りをもつチーズがつくられる．また，酵母菌による有機物の分解にともない二酸化炭素が発生し（アルコール発酵），その二酸化炭素がパンをふっくらと膨らませる．パーティを和やかな雰囲気にしてくれるワインやビールも，酵母菌のアルコール発酵によって作り出されたものである．単細胞生物は，特別な日の晩餐を楽しいものにしてくれる，目に見えない小さなコックであるといえよう．

発酵…微生物が有機物を分解し,エネルギーを得る反応.酸素を必要としない.

・アルコール発酵…酵母菌などが行う
　グルコース→二酸化炭素+エタノール+エネルギー

・乳酸発酵…乳酸菌などが行う
　グルコース→乳酸+エネルギー

図 A-2　発酵と食品

付録2　鎧を着てみたり,ふにゃふにゃしてみたり──無脊椎動物

　海には,さまざまな姿かたちをした動物がたくさん暮らしている.ふにゃふにゃしていたり,とげとげしていたり,色が鮮やかだったり,背骨をもたない無脊椎動物もそのメンバーである.無脊椎動物は,種数,個体数ともに現在地球にいる動物の大部分を占め,進化の早い段階で誕生した仲間だと考えられている.無脊椎動物の分類と,実際に日本に生息し,海や磯で姿をみることができる動物の仲間を代表に,体の仕組みや生態に迫ってみよう.

　無脊椎動物は以下の分類に分けることができる.

(a)　脊索動物：脊椎はもたないが,一生のうち一時期脊索をもつ.例：ホヤ

(b)　棘皮動物：体は五放射相称で,石灰質でできた骨格をもつ.例：ヒトデ

(c)　節足動物：体は節に分かれ,外骨格で覆われている.例：カニ

(d)　軟体動物：体は左右対称で,外とう膜で包まれている.例：ウミウシ

(e)　環形動物：体は細長く,リング状の節からできている.例：ミミズ

(f)　扁形動物：体は左右対称で上下に平たく,体を覆う繊毛で移動する.例：ヒラムシ

(g)　刺胞動物：接触したものを刺してとらえる刺胞をもつ.例：イソギンチャク

(h)　海綿動物：消化管をもたず,水中のプランクトンを細胞内に取り込んで消化する.例：カイメン

ひらひらと水の流れに漂うイソギンチャクの触手には，刺胞が連なり，刺胞の中の毒針が接触を感知すると突き刺さり，その物体をとらえる．厚い粘液層を体表にまとうクマノミは，粘液層が刺胞に対するガードとなりイソギンチャクと共存することができる（図 A-3 (a)）．クマノミとの共生は，イソギンチャクの体を広げてより多く日光を浴びせることとなり，双方に有益な環境を作り出している．

　ウミウシは，巻貝の仲間であるが，成長の過程で，身を守るはずの貝殻は退化して小さくなったり，消失したりしている（図 A-3 (b)）．絵の具をこぼしたようなカラフルな体は，敵が自分たちを捕食することを警戒するよう，自らを守るための「色鮮やかな警報」でもある．

　立派なハサミをもつカニの，その硬い甲羅にしまわれてぺったんこになったお腹は地面と接触しずらく，俊敏な動きを可能とする（図 A-3 (c)）．同じ十脚の甲殻類で，名前も姿もカニのようにみえるタラバガニは，ヤドカリの仲間である．ヤドカリの腹部は右に曲がり，10 本の脚のうち，後方の 2 対が前の 2 対に比べ小さい．節足動物の外骨格は，鎧のように体を支え，強力にサポートしている．

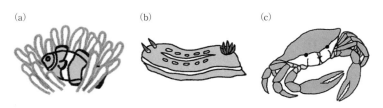

図 A-3　無脊椎動物．(a) イソギンチャク，(b) ウミウシ，(c) カニ

付録3　水の中のカラフルな世界——魚類

生活場所	水中
呼吸器官	えら
体表	うろこ・粘液
体温の調節	変温動物
子供の産み方	卵生

図 A-4　魚類の特徴

　脊椎動物である魚類の身体の中心には，背骨があり，体を支えている．硬い骨をもつ硬骨魚類に対して，軟らかい骨をもつサメやエイなどの仲間を軟骨魚類という．初期の魚類は，顎をもっておらず，餌を口の内側にある歯で削り取り，体内に取り入れていた．鰓弓がやがて顎となり，顎をもつ軟骨魚類が誕生し，顎の獲得は魚類の進化を大きく押し進めるきっかけとなった．また，河川や沼地で生きていた魚類の中には，沼地が干上がったときなどの乾燥の脅威に備えるため，肺呼吸を獲得したものもいた．これらが海へ戻り，硬骨魚類が誕生した．硬骨魚類は，当時の肺を名残とする浮き袋をもち，浮き袋は，浮力の調整を司っている．サケ，コイなどのように消化管と気管，浮き袋がつながり口から空気を取り入れる種と，タイなど気管をもたず血液中から気体を取り入れる種がいる．また浮き袋をもたない軟骨魚類などは，肝臓にためた油などを利用して，浮き沈みを調整している．

　一般的に，一生を通して水中で生活する魚類は，呼吸のためにえらをもつ．えら蓋を開いてみると，多くの魚でえらは何層にもなって重なっている様子を観察できる．このえらには毛細血管が通い，酸素を含んだ海水がえらを通過すると，酸素が血管内に吸収され，血液とともに体の至るところへ運ばれる．中には，肺呼吸をする種もおり，たとえばハイギョは幼体ではえら呼吸をするが，成体は肺で呼吸するようになり，水が枯れてしまった水辺でも，生きていくことができる．また魚類は体外環境の温度変化により体温も変わる変温動物である．子供を卵で産み，カレイやタラは，1回の産卵で1万～1万5000個の卵を産むといわれている．

体の表面はうろこや粘液で覆われている．針がたくさんささっているように形を変えるハリセンボン，うろこをもたず粘液のみで体を覆うナマズなどさまざまな種が存在する．また，うろこに覆われた皮膚の6色の色素胞という細胞が，目の覚めるようなルリイロスズメダイの青色，クマノミの白とオレンジなど，熱帯魚たちの鮮やかな色や模様を描き出している（図 A-5）．熱帯魚たちは，カラフルなサンゴ礁やイソギンチャクの中に暮らすことで，色に紛れ，敵の目から逃れている．またたとえば，クマノミの仲間は，28種存在し，体表のラインの本数や模様などが異なるが，これはそれぞれの特徴をもつことで，自分と同じ種の仲間を見分ける目印にもなっている．自らの体の色を岩などに似せ，獲物が近づくのを待つオニダルマオコゼ，毒をもつフグに色・模様を似せて捕食者から逃れようとするノコギリハゼなど色を味方につけた種は多い．隠れたり，目立って威嚇したりと，魚の体表は，工夫を凝らした衣装であるともいえよう．

図 A-5　さまざまな熱帯魚

　魚類は，私たちヒトの生活においてとても身近な動物である．海に囲まれた島国日本に住む私たちは，古くから魚を重要な食材として，その恩恵に与ってきた．魚のおろし方は，江戸と上方では異なったり，大名おろし，三枚おろしなど目的とする料理によって，おろし方，しめ方に違いがあったりと，魚の素材を存分に活かすため，調理の工夫は多岐にわたる．出世魚を用いた料理に込められた願い，四季を敬いその季節の魚を用いる和食の魅力の中にもまた，魚類とヒトのつながりをみることができる．

付録4　水辺のリゾート生活——両生類

	幼生　→　変態　→　成体	
生活場所	水中	陸上
呼吸器官	えら	肺・皮膚
体表	皮膚（湿っている）	
体温の調節	変温動物	
子供の産み方	卵生	

図 A-6　両生類の特徴

　両生類であるアマガエルは，柔らかい膜に包まれた卵を産む．卵は乾燥に弱く，多くのカエルの卵は田んぼや池などの水辺で産卵され，やがて自然に卵がかえる．卵からかえったオタマジャクシは，えらで水中の酸素を取り入れ，尾びれを使い自由に水中を泳ぐ．ゆっくり成長するものや，早く一人前になるもの，オタマジャクシでいる期間はカエルの種類によって異なる．やがて成長してカエルになると，尾びれは消失し，四肢が生える．陸上で生きるカエルは肺呼吸，また大部分を皮膚呼吸に頼り，全呼吸の半分以上を皮膚に頼っている種もある．効率よく皮膚呼吸を行うため，カエルは脱皮するが，その皮を食べてしまうため，抜け殻のような皮膚をみることは稀である．オタマジャクシは黒色をしていて水中で敵から逃れるが，体の色も成長にともない変化する．このような両生類の幼生から成体への成長過程で，さまざまな点において起こる華麗なる大変身を変態という（図 A-7）．

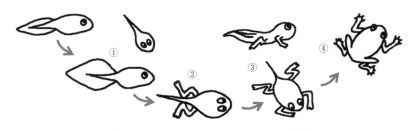

図 A-7　オタマジャクシからカエルへ（変態）

オタマジャクシは以下のように成長してカエルになる.

①オタマジャクシの成長にともない，尾びれの付け根が大きくなる.

②後ろ脚ができる．目の下の膨らみの皮膚の下で前脚が形成される.

③前脚が皮膚を突き破り出てくる．前脚ができると，やがて尾は分解されて体の中に吸収される.

④目が大きく飛び出し，口も横に広がり，鼻と肺がつながる.

　アマガエルもやがて成長し，田んぼなどで私たちに聞かせてくれるカエルの合唱は，オスからメスへのラブソングでもある．産卵にきたメスに向けて，おそらく愛をうたったり，恋のライバルに自分の強さを見せつけたりと，カエルの鳴き声の役目は大きい．カエルは，種によって異なるが，口の下や左右の袋を膨らませながら音を出す．オスのカエルは口を閉じたまま，この鳴のうという袋と肺の間に空気を通し，間にある声帯を震わせて音をつくっている.

　ダーウィンガエルは，このオスの鳴のうの中で卵を育てる．他にも，メスの背中で卵を育てるピパ，卵を飲み込んでメスの胃の中で育てるカモノハシガエルなど，両生類の卵は，さまざまな方法で保護され，ふ化の時期を待つ.

　両生類の体は粘液で覆われ，湿っていて乾燥に弱く，成体になった後もその一生を水の近くで生きていく．時に，水辺の日当たりのよい場所でじっとしているカエルの姿をみかけることがあるが，リゾート地で日光浴をしているようにもみえるこの行動は，活動のための準備運動にあたる．変温動物である両生類にとって，外気温の低下は体温に影響をおよぼし，活動性や代謝の低下を招く．活発に行動できるよう，日光を浴びて体温の上昇を図っているのである．乾燥に弱いカエルは，体表の水分の蒸発を最小限に抑えるため，手足をまとめ，体を小さくした状態で日光浴をする．日中でも外気温が低い冬は，変温動物にとっては活動しにくい季節であり，寒い雪の日は，地中や水中などの温度変化の比較的少ない場所でじっとして過ごす．また，厳しい環境を避けて，冬眠（休眠）する．もちろん長い冬に備えて，おいしいものをしっかり食べておくのである.

付録5　乾燥への挑戦——爬虫類

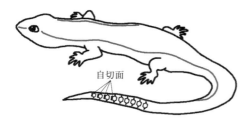

生活場所	陸上
呼吸器官	肺
体表	うろこ
体温の調節	変温動物
子供の産み方	卵生

図 A-8　爬虫類の特徴

　呼吸器官として肺をもち，かつて陸上に進出して活躍の場を広げた爬虫類は，乾燥という試練にさらされている．体の表面を覆うケラチンでできたうろこは水分を通さず，体からの水分の蒸発を防ぐことができる．同じ変温動物であるカエルが，日光浴の際に水分の蒸発を少なくするため体を小さくしたのに対し，乾燥に強いトカゲは，地面にべったりと寝そべり，表面積を大きくとって日光浴をする．また，たとえばワニは，口を大きく開けながら日光浴をしていることがあるが，ワニの大きな口の奥にある血管を温めることで，体温の上昇を狙っているのである．

　さらに，爬虫類が乾燥した土地で生きていける理由の1つに「卵」がある．爬虫類の卵の水分を通さない固い殻は，子供を保護するだけではなく，水分の蒸発を防いでいる．卵の中では，胚の回りは羊水で満たされ，その外側を羊膜が包み，胚を乾燥から守っている．爬虫類の子供は，卵黄を栄養分として卵の中で成長してから生まれる．

　次に，進化にともなう移動様式の歴史をみてみよう．爬虫類が陸上での速い移動を得意とするのは，彼らのもつ長い足のためである．「爬」は，地面を這うことを意味するが，トカゲなどの仲間は，長い肢で腹部をもち上げて四足歩行をすることで，腹部と地面との摩擦を軽減させ移動速度を向上させた．さらに，二足歩行をしていたとされる恐竜は，尾で体のバランスをとり，大きな体で速い移動をしていたと考えられている．爬虫類の仲間には，細い体でくねくねと地面を這うヘビなど肢をもたないものもいる．ヘビの体を覆ううろこは，摩擦を滑り止めとして利用することで逆行できないような構造となり，樹上や

水中での効率的な移動を可能とする.

　ところで，トカゲのしっぽの欠片をみたことはあるだろうか．敵に襲われそうになったとき，トカゲは自らしっぽを切り離すことがあり，これを「自切」という．しっぽの骨のある部分は，切り離せる自切面があり，ここで切り離されると切断面は筋肉でふさがれる．切られたしっぽの一部は，胴体から離れた後もしばらく動き，敵の気を引くことができるのだ．数カ月後，しっぽは元の長さに成長する．これは，トカゲのしっぽに幹細胞が多く存在することによる．幹細胞とは，さまざまな種類の細胞に分化でき，その分化能力を保持したまま増殖する細胞で，ヒトの医療の現場でも大きな注目を浴びている.

付録6　大切な空間――鳥類

生活場所	陸上
呼吸器官	肺（気嚢）
体表	羽毛
体温の調節	恒温動物
子供の産み方	卵生

図 A-9　鳥類の特徴

　空を舞う鳥の，体や呼吸器には，陸上で生きる他の動物たちとは異なり，空の世界での適応を可能にする驚くべき構造がある．陸上で生活する動物の骨は，中まで満たされているのに対し，鳥の体の長い骨は中が空洞である．管状の構造が，骨としての強さを維持したまま重量を軽くしていて，飛行に適した軽い体を実現しているのである.

　高所は気温が低いだけではなく，酸素濃度も低く，生物にとって過酷な環境であるといえる．しかし鳥類がその環境でも悠々と飛行できる理由は，呼吸にある．鳥類の呼吸器には，肺の一部が広がってできた内部に空気をためることができる気嚢と呼ばれる器官が，頸部，鎖骨の間，腹部，胸部の前後に存在する．呼吸の際，まず後胸気嚢と腹気嚢に取り込まれた新鮮な空気は，肺へ送り

込まれる．肺で呼吸が行われると，空気は，頸気嚢・鎖骨間気嚢・前胸気嚢へ送られ，やがて体外へ排出される．哺乳類の肺では，肺胞内での酸素を多く含む空気と，二酸化炭素を多く含む空気が混ざり合ってしまうのに対して，気嚢をもつ鳥類は，はるかに効率のよい方法で酸素を取り込むことができるのである．この器官の起こりは，地球上の酸素が減少した三畳紀からジュラ紀までさかのぼる．地球上の酸素濃度が12%まで低下したその時代，その環境に適応するために気嚢を獲得した恐竜の仲間がいた．気嚢は始祖鳥へ，そして鳥類へと受け継がれていったと考えられている．

　また，体表の羽毛も，鳥類の幅広い地域への進出を後押しした．布団にも使われる羽毛は，その毛と毛の間に空気を含み高い保温効果をもつ．身体に羽毛をまとい，体外環境の温度の変化に強い恒温動物の鳥類は，その羽毛で体温を保ち，寒冷地や上空など，生物にとって厳しい環境にも進出し繁栄することができた．さらに，鳥類の卵は，殻をもち，羊膜により胚を羊水で包み，乾燥に強い．カモやダチョウなど，卵のふ化後からすぐにひなが歩いたり動き回ったりすることのできる「早成性」の種と，ひなが巣立つまで親が餌を与え育てる「晩成性」の種がいる．

　大空を自由に飛び回ることは，人類の昔からの夢であるだろう．鳥のように，風切り羽をたくさんつけた翼をもったら，ヒトは空を飛べるのであろうか．その翼で体を地上からもち上げ飛び立つには全体重の半分以上を胸筋が占める必要があるといわれる．ボディビルの選手がどれだけ胸筋を鍛えても，現実に空を飛ぶのは厳しそうである．また，身体のバランス能力も大きな課題の1つである．たわんだ電線の上に止まっているハトの平衡感覚は，細い1本の線上を歩くとふらついてしまうヒトにははるか及ばない．脳に着目すると（図A-10），ハトの脳は，ヒトの脳と比べて中脳や小脳の割合が大きい．中脳は，眼球の運動や，瞳孔の調節のほか，姿勢保持にも関わ

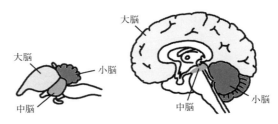

図A-10 鳥類（ハト）（左）と哺乳類（ヒト）（右）の脳の比較

り，小脳は，運動の調節や，体の平衡を保つために重要な役割を担う．このような脳をもつ鳥類は，不安定な場所でも体勢を整える平衡感覚に優れ，空中を飛行するその独自の生活スタイルをもつことができる．

付録7　数少ない仲間——哺乳類

生活場所	陸上
呼吸器官	肺
体表	体毛
体温の調節	恒温動物
子供の産み方	胎生（単孔類は卵生）

図 A-11　哺乳類の特徴

　私たちヒトは，地球上に約 4400 種しか存在しない哺乳類の一員である．哺乳類は背骨をもつ脊椎動物であるが，背骨を地面に対して垂直方向に立て，直立姿勢をとるヒトは，哺乳類の中でも稀有な動物である．

　地球上の生物たちの親と子の関わり方は実に多様であるが，哺乳類の多くは，母親の体内である程度育ってから生まれる．哺乳類の「哺乳」とは，乳を与えるという意味をもち，哺乳類は生まれた子に対して，母乳を与え育てるが，母親と子の関わり方は種類によって大きく異なる．

　哺乳類は以下の 3 つの仲間に分類される．

　〈単孔類〉カモノハシやハリモグラ（図 A-12（a））は，子を卵で産む単孔類の仲間である．ヨーロッパで発見されたとき，奇妙なくちばしが付けられたつくりものだと思われたカモノハシは，卵生で毒をもつ非常に珍しい哺乳類である．卵も，排泄物も同じ 1 つの孔から出し，生まれた子は，母親の体毛を伝う母乳を摂取して成長する．三畳紀の終わりに爬虫類から進化した原始的な哺乳類は，現在の単孔類に種として近いと考えられている．

　〈有袋類〉お腹に育児嚢と呼ばれる袋をもつ（図 A-12（b））．カンガルーやコアラなど有袋類の現生種のほとんどはオーストラリア大陸に生息する．胎児は，体長 2-5cm ほどの未熟な状態で産まれ，自ら子宮から母親の育児嚢に入る．育

図 A-12 (a) 単孔類，(b) 有袋類，(c) 有胎盤類

児囊の中では数カ月間，母親の乳から離れず母乳を飲み育っていく．育児囊はカンガルーのように入口が上向きにつくものと，コアラのように下向きにつくものがある．コアラの育児囊では，子が落下しないよう，育児囊の内側にひだがついている．

〈有胎盤類〉真獣類とも呼ばれる（図 A-12（c））．受精卵が母体の子宮に着床すると，胎盤が形成され，子は羊水という液体で満たされた子宮の中で育つ．胎盤は，妊娠時に一時的に子宮内に形成され，母と子との物質交換のための器官となる．母親の胎盤とつながる臍の緒を通して，子は栄養や酸素を母親から受け取り，ある程度成長したら，出産される．ヒトを含め，多くの哺乳類がこの有胎盤類である．母親のお腹の中にいるとき，ヒトの胎児の心臓には孔があいている．へその緒を通して，母親から酸素や栄養分を受け取っている胎児は，肺を必要としない．そのため肺はつぶれ，心臓の一部には卵円孔と呼ばれる孔があいていて，肺へ血液を送るルートは使われないようになっている．元気に「おぎゃー！」と産声を上げたときから，卵円孔は徐々に閉じられ，肺呼吸と人生が始まる．

付録8　生きていた証──示相化石，示準化石

地球の歴史の中で，ある動物の1つの行動が進化のきっかけになったことは数多くあるだろう．現在，アフリカや南アメリカ，アジアに生息するサルは，アフリカで進化したと考えられているが，あるとき，南アメリカのある地層から，サルの仲間と思われる化石がみつかった．この化石が意味するのは，アフリカのサルが海を越えて，南アメリカに到着，その新たな地でたくさんの仲間

が進化したであろうということである．「サルが海を渡った……？」この答えはおそらく，浮島にある．およそ3400万年前，アフリカで枯れた植物が積み重なり，木が生えたりしてできた浮島にサルが足を踏み入れた．浮島はサルを乗せたまま長い旅をして南アメリカの地にたどり着いたのではないかと考えられている．他のサルの一部は，陸地を歩きまだ見ぬ地へと向かった．中東を経て，アジアへたどり着くまでのどこかで尾は消滅し，テナガザルやオランウータンが生まれたのではないか．

　生物たちの進化については，大陸移動の歴史，海流や気候，地質学や地理学の観点から生物が生きていた環境などを考える必要がある．地球全体が凍り付いたスノーボールアースという生物にとって大きな試練もあった．環境の変動に影響を受けながら，生物は絶滅と繁栄を繰り返してきた．

　およそ2億5000万年前の中世代，地球の大陸は1つの塊だった．これをパンゲア大陸という．パンゲアとは，ウェーゲナーが1912年に大陸移動説を提唱した際に名付けた大陸の名で，1950年代になってプレートテクニクス理論の発展とともにこの説は再評価されることとなった（図A-13）．火山活動によって引き起こされた古生代ペルム紀の大量絶滅においては，大陸が1つにまとまっていたことがその絶滅の規模を大きくしたのではないかと考えられている．その後長い時間をかけ，パンゲア大陸は分離して移動し，現在のような5つの大陸に分かれた．この大陸の位置関係は動物の移動や，生物の生活と進化にも大きな影響を与えた．

　いまはもうこの世界にいない生物も，地球上に生きていた証を残している．その1つが，生物の化石である．化石からは，その生物の姿かたち，生活様式などをさまざまな証拠から推定することができる．また，その発見された地層

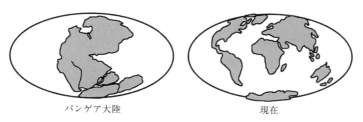

図A-13　パンゲア大陸と大陸移動

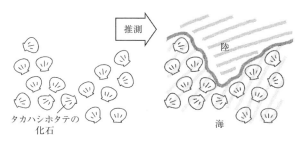

図 A-14　示相化石

の年代や，その場所の環境を知るための指標ともなり得る．たとえば，タカハシホタテの化石がAという場所で発見されたとする．タカハシホタテは冷たい海に住むことから，Aという場所はあるとき海であったことがわかり，そしてその分布から海と陸との境界線が推定できる．このように，その土地の気候や地質，水質などの環境を示す化石を示相化石という（図 A-14）．また，地層の年代を決定づける化石のことを示準化石と呼ぶ．示準化石の条件は，①その生物の生存期間が短い，②分布範囲が広い，③産出される数が多いことがあげられる．

付録9　仲間と生きる——生物多様性と進化

　医師家系に生まれたが，医学に興味をもてずに牧師の道へと進んだ青年がいた．彼は，航海中の話し相手を探していた船長の船に，偶然乗り込むことになる．1831 年，ビーグル号で広い海に乗り出した 22 歳のダーウィンは，東太平洋の赤道直下に位置するガラパゴス諸島で，鳥の一種であるフィンチの姿が島によって少しずつ異なっていることに気付き，「同じ祖先をもつものが，生活環境や食性によってそれぞれの島で変化したのではないか」と考えた．やがて彼はこの経験から，かの有名「自然選択説」を生み出す（図 A-15）．19 世紀のイギリス，地球上の動植物の種はそれぞれ，神様が創り給うたと考えられていた時代のことである．生物が同じ祖先から分化したという考えは，当時は異端であった．ダーウィンは 20 年間発表せずに温めたその考えを 1859 年に『種の起源』の中で発表した．宗教界などには受け入れられなかったが，すぐに完

首の長いキリン，首の短い　　首の長いキリンが生存競争に勝利　　首の長いキリンの形質が
キリンが存在　　　　　　　　首の短いキリンは淘汰される　　　　子孫に伝わる

図 A-15 自然選択説
自然選択説「環境に適応した有利なものが競争に勝ち残り，その形質が子孫に伝わる」

売したこの本は科学者たちに大きな影響を与えた．

　一方，進化について，突然変異説を唱えたのは，ド・フリースである．彼は，栽培したオオマツヨイグサに多くの突然変異体が生じたことから，「突然変異が生物の進化の要因となる」と考えた．また，ワグナーは，同じ種の生物集団が，地理的に隔離されたり（大陸から遠く離れた島に隔離されるなど），生殖時期がずれたりすると，交雑が起こらなくなり，種が分かれると唱えた．この説を隔離説という．

　壮大な地球の歴史の中で，1つの祖先から生物は生まれた．現在，ヒトによって名前を付けられている生物の何倍も確認されていない生物が存在するといわれている．かつては，姿かたちなど形態から見極められていた種の分類は，現在はDNA配列の解析などによって研究が進められ，動物同士の類縁関係の解明も進んでいる．ヒトに関してはとくに，他の動物たちと種として遠く，独自の進化を遂げてきたという考えが根強く存在していた．しかし1990年代には，ヒトはDNA配列の約96％が一致するチンパンジーと近い親戚関係にあり，およそ700万〜600万年前に，共通の祖先から分岐して進化したことが明らかになった．あふれる謎の解明が進む一方で，新たな可能性や謎も生まれている．たとえば，進化は単細胞生物から多細胞生物への一方行へ進んだのではなく，他の生物に寄生生活をするようになった多細胞生物が，単細胞生物に退化した可能性なども指摘されている．

　生物は，環境の変動などの影響を受けながら，進化してきた．ヒトは，他の生物に比べ大きな脳をもち，文化や知識を深めて後世に残し，科学技術なども

発達させたが，地球に生きる生物の中の一種にすぎない．しかし，近年は地球温暖化などヒトの活動の影響により，多くの生物が絶滅の危機にさらされている．私たちは，この地球の生物はみな，1つの祖先から進化した地球の一員として平等な存在であるということを忘れてはならない.

参考文献

『健康運動実践指導者養成用テキスト』，（公財）健康・体力づくり事業団，2017.

『健康運動指導士養成講習会テキスト上・下』（公財）健康・体力づくり事業団，2017.

『公認スポーツ指導者養成テキスト・共通科目』（公財）日本体育協会，2013.

『生命史 35 億年の大事件ファイル──生命創造から人類出現まで（ニュートンムック Newton 別冊）』ニュートンプレス，2010.

『生命の誕生と進化の 38 億年──いかに生まれ，いかに進化してきたのか？（ニュートンムック Newton 別冊）』ニュートンプレス，2012.

『体育の科学』，杏林書院

 特集：全身持久力を高めるトレーニング：HIT, 63(9), 2013.

  田畑泉「高強度間欠的トレーニング（HIT）の理論的背景」，683-688.

 特集：身体組成の測定原理と応用，64(3), 2014.

  高橋英幸・平野裕一「MRI を用いた身体組成の測定──国立スポーツ科学センターにおける測定例を中心に」，165-171.

 特集：ヒトと動物の移動運動，65(7), 2015.

 特集：水泳・水中運動の科学，66(2), 2016.

『ニューステージ新生物図表（2015 年度版）』浜島書店，2012.

阿江通良「競技力をバイオメカニクス的に測る」*Japanese Journal of Sports Science*, 11: 725-729, 1992.

阿江通良「陸上競技の高く跳ぶ動作と遠く跳ぶ動作：How they jump（＜特集＞飛ぶ・跳ぶ）」『バイオメカニズム学会誌』2(2): 57-62, 1996.

安部孝・琉子友男（編）『これからの健康とスポーツの科学（第 4 版）』講談社サイエンティフィク，2015.

Alberts, Bruce 他，中村桂子他（訳）『Essential 細胞生物学（原書第 4 版）』南江堂，2016.

アレキサンダー，R.M.，平本幸男（訳）『バイオメカニクス』講談社，1976.

猪川倫好（監修），三省堂編修所（編）『三省堂　新生物小事典』三省堂，2012.

石井直方（監修），左明・山口典孝（著）『カラー図解　筋肉のしくみ・はたらき事典』西東社，2009.

Ishiguro, N. *et al.*, A comparison of three bioelectrical impedance analyses for predicting lean body mass in a population with a large difference in muscularity. *Eur J Appl Physiol.*, 94：25-35, 2005.

石田秀輝（監修），松田素子・江口絵理（著），西澤真樹子（イラスト）『ヤモリの指から不思議なテープ』アリス館，2011.

石田秀輝（監修）『ヤモリがつくった超強力テープ』学研教育出版，2014.

今泉忠明・鳥羽通久・小宮輝之『動物のくらし』学研マーケティング，2006.

岩槻邦男『系統と進化 30 講──生き物の歴史を科学する（図説生物学 30 講 環境編）』朝倉書店，2012.

ウィリアムズ，クリストファー，小竹由加里（訳）『かたちの理由──自然のもの，人工のもの．何がかたちを決め，変えるのか』ビー・エヌ・エヌ新社，2014.

ウォーカー，リチャード，堤理華（訳），マコーレイ，デビット（絵）『驚異の人体──不思議な「わたしたち」のしくみ』ほるぷ出版，2009.

Eccles, J. C., *The Understanding of the Brain*, 2nd ed., New York: McGraw-Hill, 1977.

小野廣紀・内藤通孝『わかる生物学——知っておきたいヒトのからだの基礎知識』化学同人，2006.

香川芳子『四訂 食品成分表』女子栄養大学出版部，1998.

春日規克・竹倉宏明（編著）『運動生理学の基礎と発展』フリースペース 星雲社，2002.

金子公宥『スポーツ・バイオメカニクス入門』杏林書院，2006.

熊谷さとし『動物おもしろ基礎知識——フィールドワーカーのための』偕成社，2006.

後藤幸弘「各種速度条件下の歩行・走行における筋活動量と酸素需要量の関係」『関西医科大学雑誌』35(3): 405-430, 1983.

桜木晃彦・群馬県立自然史博物館（監修），松田素子・川上和生『ながいながい骨の旅』講談社，2017.

佐藤昭夫・佐藤優子・五嶋摩理『自律機能生理学』金芳堂，1995.

島田一志（2002）「野球投球動作における力学的エネルギーの流れ」（未発表資料）.

ジンマー，カール，長谷眞理子他（訳）『進化——生命のたどる道』岩波書店，2012.

武田正倫（監修）『増補改訂 魚・貝の生態図鑑（大自然のふしぎ）』，学習研究社，2011.

田中隆荘・田村道夫『New 総合図説生物』第一学習社，2004.

Tanaka, N.I. *et al.*, Applicability of a segmental bioelectrical impedance analysis for predicting the whole body skeletal muscle volume. *J. Appl. Physiol.*, 103: 1688-1695, 2007.

Dawson, T. J. and C. R. Taylor, Energetic cost of locomotion in kangaroos. *Nature*, 246:313-314, 1973.

東京大学身体運動科学研究室（編）『教養としてのスポーツ・身体運動』東京大学出版会，2000.

冨樫健二（編）『スポーツ生理学』化学同人，2013.

ともなが たろ，なかの ひろみ・まつざわ せいじ『さかなのかたち』アリス館，2005.

西野仁雄・柳原大（編）『運動の神経科学——基礎から応用まで』ナップ，2000.

日本科学未来館（監修）『好奇心をそだて 考えるのが好きになる科学のふしぎな話365』ナツメ社，2012.

橋場弦・村田奈々子（編）『学問としてのオリンピック』山川出版社，2016.

長谷川政美『系統樹をさかのぼって見えてくる進化の歴史』ベレ出版，2014.

八田秀雄『乳酸と運動生理・生化学——エネルギー代謝の仕組み』市村出版，2010.

日高敏隆（監修），中坊徹次・望月賢二（編）『魚類（日本動物大百科）』平凡社，1998.

日高敏隆『ぼくの生物学講義——人間を知る手がかり』昭和堂，2010.

深代千之『＜知的＞スポーツのすすめ——スキルアップのサイエンス』東京大学出版会，2012.

深代千之『スポーツを科学しよう！』PHP 研究所，2013.

深代千之（監修）『オールカラー 骨・関節・筋肉の構造と動作のしくみ』ナツメ社，2014.

深代千之他『スポーツ動作の科学——バイオメカニクスで読み解く』東京大学出版会，2010.

ベントン，マイケル・J. 他（監修），小畠郁生（監修）『生物の進化 大図鑑』河出書房新社，2010.

Bobbert, M.F. *et al.*, *J. Biomechanics*, 19: 887-898, 1986.

八杉貞雄『ヒトを理解するための生物学』裳華房，2013.

矢部京之助『人体筋出力の生理的限界と心理的限界』杏林書院，1977.

山岸明彦『アストロバイオロジー——宇宙に生命の起源を求めて』化学同人，2013.

吉里勝利『スクエア最新図説生物 neo』第一学習社，2014.

ロイド，クリストファー，野中香方子（訳）『137億年の物語——宇宙が始まってから今日までの全歴史』文藝春秋，2012.

鷲谷いづみ（監修），森誠・江原宏（編）『ライフサイエンスのための生物学』培風館，2015.

和田勝『生物学の基礎——生き物の不思議を探る』東京化学同人，2012.

索 引

ア 行

アイソメトリック → 等尺性収縮
アキレス腱　119
アクチンフィラメント　31
アセチルコリン　83
アデノシン三リン酸　5
アミノ酸トランスポーター　35
アライメント　58
一軸関節　58
1回拍出量　63
遺伝的　22
インターバルトレーニング　82
運動エネルギーの転移　135
運動神経　16
運動連鎖　134
エクセントリック → 伸張性収縮
エネルギー供給機構　76
オーバーハンド（上手）投げ　132
オープンスキル　138

カ 行

回外　136
外転　50
回内　136
海馬　15
化学的エネルギー　80
加水分解　77
カリウム　83
感覚神経　16
環境的　22
間欠的トレーニング　82
関節　52
　　──可動域 → ROM
寒冷環境　160
寒冷馴化　160

機械的効率　9
起始　52
拮抗筋　52
筋原線維　31
筋線維　31
緊張性頸反射　26
筋電図 → EMG
筋ポンプ作用　65
屈曲　51
クレアチンリン酸　78
クローズドスキル　138
血圧　64
血液　161
血しょう　161
血小板　161
原核細胞　40
原核生物　40
減数分裂　44
交感神経　16
高強度インターバルトレーニング → HIIT
光合成　102
高所トレーニング　10, 161
五足移動　120
骨格筋　31
骨質　54
骨髄　54
骨粗鬆症　56
骨代謝回転　56
骨膜　54
ゴルジ体　42
コンセントリック → 短縮性収縮

サ 行

再現性　140
最大酸素摂取量／分 → $\dot{V}O_2max$
最大随意筋収縮 → MVC

細胞質基質　41, 85
細胞膜　41
サルコペニア　149
サルコメア　31
酸素需要量　69
酸素負債　70
支持基底面　49
シナプス　17
　──小胞　83
地面反力　48
収束進化　165
主働筋　52
小脳　15
小胞体　42
除脂肪体重　→　LBM
暑熱環境　158
暑熱馴化　159
自律神経系　14
真核細胞　40
伸張性収縮　32
伸張反射　26
伸展　51
心拍出量　63
心拍数　7, 63
推進力　96
錐体路　16
スウィートスポット　137
滑り込み滑走説　31
静的ストレッチング　10
生理学的筋横断面積　→　PCSA
赤血球　161
染色体　39
前頭葉　14
増強効果　117
組織液　162
速筋　→　FT
　──線維　37

タ 行

ダイエット　148
体細胞分裂　44
体脂肪量　148
体循環　64
体性神経系　14

大脳基底核　15
大脳皮質　14
多関節筋　34
多軸関節　58
脱水　159
単関節筋　34
短期記憶　19
短縮性収縮　32
弾性エネルギー　117
タンパク質　35
遅筋　→　ST
　──線維　37
中心体　42
中枢神経系　14
中枢パターン発生器　→　CPG
中脳歩行誘発野　→　MLR
超回復　36
長期記憶　19
長期増強　→　LTP
停止　52
定常状態　68
適応放散　165
てこ比　52
手続き記憶　21
電気インピーダンス法　155
糖　78
投射角　122
等尺性収縮　32
動静脈酸素較差　67
倒立振り子　106
トレーニング　3

ナ 行

内転　50
ナトリウム　83
軟骨質　54
二軸関節　58
二重らせん構造　39
二（多）関節筋　34
乳酸　78
　──性作業閾値　→　LT
粘性　92
　──抵抗　98
脳波　→　EEG

ハ 行

肺循環　64
肺胞　65
背面跳び　124
白血球　161
反射　6
反発係数　137
比重　95
必須脂肪　149
副交感神経　16
浮力　93
『プリンピキア』（『自然哲学の数学的諸原理』）
　168
放物線　116

マ 行

マグヌス効果　127
末梢神経系　14
ミオグロビン　37
ミオシンフィラメント　31
ムチ動作　134
ミトコンドリア　41
毛細血管　65

ヤ 行

揚力　96
予備緊張　118

ラ 行

力学的エネルギー　80

力積　116
リソソーム　42
リボソーム　42
流体　92
リンパ液　162
レジスタンストレーニング（筋力トレーニング）　35
練習　3

ABC

ATP 再合成　5
BMI　8, 149
CPG　104
DNA　39
EEG　7
EMG　7
FG 線維　37
FOG 線維　37
FT　4, 37
HIIT　6, 82
LBM　8, 148
LSD　5, 81
LT　8
LTP　19
MLR　105
MVC　33
PCSA　32
ROM　58
SO 線維　38
ST　4, 37
TABATA Protocol　82
TCA 回路　79
$\dot{V}O_2$max　7, 68

著者略歴

深代千之（ふかしろ・せんし）

1955 年生まれ．東京大学大学院総合文化研究科教授．東京大学大学院教育学研究科博士課程修了，教育学博士．（一社）日本体育学会会長，日本バイオメカニクス学会会長，国際バイオメカニクス学会元理事．スポーツ動作を力学・生理学の観点から解析し，動作の理解と向上を図るスポーツ科学の第一人者．主要著書：『スポーツ動作の科学』（共著，東京大学出版会，2010），『〈知的〉スポーツのすすめ』（東京大学出版会，2012）ほか多数．

内海良子（うつみ・りょうこ）

1989 年生まれ．東京大学大学院総合文化研究科博士課程在籍．同大学院修士課程修了．講師として主に中学高等学校の理科を指導するとともに，執筆等を通してスポーツ科学の啓蒙活動にも取り組んでいる．

身体と動きで学ぶスポーツ科学
運動生理学とバイオメカニクスがパフォーマンスを変える

2018 年 3 月 26 日　初　版

[検印廃止]

著　者　深代千之・内海良子

発行所　一般財団法人　東京大学出版会

代表者　吉見俊哉
153-0041 東京都目黒区駒場4-5-29
http://www.utp.or.jp/
電話 03-6407-1069　Fax 03-6407-1991
振替 00160-6-59964

組　版　有限会社プログレス
印刷所　株式会社ヒライ
製本所　誠製本株式会社

©2018 Senshi Fukashiro and Ryoko Utsumi
ISBN 978-4-13-053701-8　Printed in Japan

JCOPY 〈㈳出版者著作権管理機構　委託出版物〉
本書の無断複写は著作権法上での例外を除き禁じられています．複写される場合は，そのつど事前に，㈳出版者著作権管理機構（電話 03-3513-6969，FAX 03-3513-6979，e-mail: info@jcopy.or.jp）の許諾を得てください．

スポーツ動作の科学
バイオメカニクスで読み解く

深代千之・川本竜史・石毛勇介・若山章信　A5判・296頁・2400円

どうすれば高く跳べるのか？　運動神経は遺伝するのか？　運動スキルを上達させたい読者のために，身体の仕組みやスポーツ動作を読み解く方法を，最新の研究成果をふまえわかりやすく解説．図・写真も豊富な入門書．

〈知的〉スポーツのすすめ
スキルアップのサイエンス

深代千之　46判・224頁・2400円

どうしたら速く走れるようになるのか？　剛速球を投げるこつとは？　ゴルフのスコアをよくするための練習法とは？　スキルアップをめざす読者のために，運動の基本動作と身体の仕組みについて，最新の科学的成果をふまえ，図や写真とともにわかりやすく解説．

スポーツ栄養学
科学の基礎から「なぜ？」にこたえる

寺田　新　A5判・256頁・2800円

スポーツ選手のパフォーマンスを向上させるための食事摂取法とは？　運動と食事をどのように組み合わせれば，健康の維持増進につながるのか？　本書はその基礎となる理論を紹介しながら，細胞・分子レベルで解説．「なるほど」と納得できる役立つ内容が満載．

教養としての身体運動・健康科学

東京大学身体運動科学研究室編　B5判・280頁・2400円

好評を博したテキスト『教養としてのスポーツ・身体運動』を全面改訂．さまざまなトレーニング方法，スポーツの歴史やルール，身体の仕組みや腰痛体操・救急処置法など，スポーツ，身体，そして健康に関する基礎知識をコンパクトに解説する．健康な毎日を送るために必須な情報が満載．

ここに表示された価格は本体価格です．ご購入の際には消費税が加算されますのでご了承ください．